일본어 독해력 완성 프로그램
다락원 일한 대역문고

고급 10

오·헨리 걸작선

オー・ヘンリ傑作選

大久保康雄 日訳 | 송현아 訳註

다락원

머리말

『다락원 일한 대역문고』 고급 시리즈는 일본어에 대한 체계가 잡혀 있는 중급 이상 수준의 학습자가 일본 문학작품을 통해서 일본어에 대한 이해를 높이는 것을 목표로 만들었습니다.

일본 국내외에서 완성도를 인정받은 일본 문학작품으로 일본어를 학습한다면 일본에 대한 지식도 쌓을 수 있어서 일본어 학습이 더욱 유익해질 것입니다.

일본어에 대한 감각이 일정 수준에 달하면 정확한 전달력뿐만 아니라 풍부한 표현력에 대한 요구도 강해집니다.

그런 점에서 현행 일본 고등학교 교과서에 실린 문학작품과 일본 문학계에서 천재성을 인정받은 여러 작가의 유명 작품들로 구성된 『다락원 일한 대역문고』 시리즈는 풍부한 일본어 표현력을 기르는 데 좋은 길잡이가 되어 줄 것입니다.

『다락원 일한 대역문고』 시리즈는 사전 없이 편리하게 학습할 수 있도록, 어휘 풀이는 물론 주요 문형에 대한 자세한 해설과 예문을 함께 실었습니다. 본문 해석은 직역(直譯)을 원칙으로 하되, 문학 작품임을 감안해 원문의 분위기를 흐리지 않는 범위 내에서 자연스러운 한국어 번역을 위해 의역(意譯)과 때로는 표현 가감을 선택했습니다. 『다락원 일한 대역문고』 고급 시리즈로 일본 문학작품을 읽는 재미는 물론 원어민의 정확한 발음으로 녹음된 오디오로 듣기 능력까지 함께 향상시키시기 바랍니다. 여러분의 일본어 학습에 도움이 되기를 바랍니다.

다락원 일한 대역문고 연구회

『다락원 일한 대역문고』 이렇게 보세요

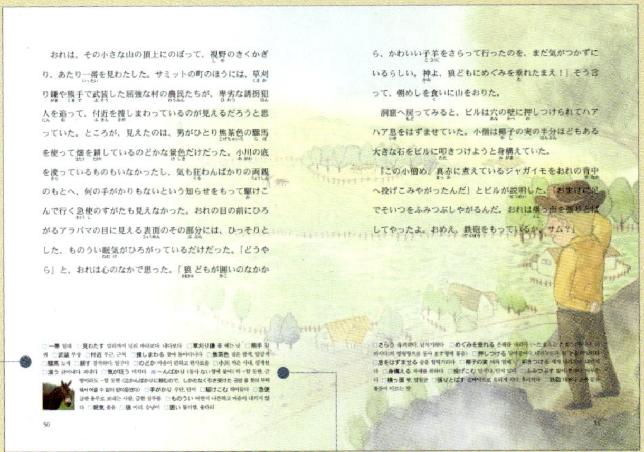
おれは、その小さな山の頂上にのぼって、視野のきくかぎり、あたり一帯を見わたした。サミットの町のほうには、草刈り鎌や熊手で武装した屈強な村の農民たちが、卑劣な誘拐犯人を追って、付近を捜しまわっているのが見えるだろうと思っていた。ところが、見えたのは、男がひとり焦茶色の驢馬を使って畑を耕しているのどかな景色だけだった。小川の底を浚っているものもいなかったし、気も狂わんばかりの両親のもとへ、何の手がかりもないという知らせをもって駆けこんで行く急使のすがたも見えなかった。おれの目の前にひろがるアラバマの目に見える表面のその部分には、ひっそりとした、ものうい眠気がひろがっているだけだった。「どうやら」と、おれは心のなかで思った。「狼どもが囲いのなかから、かわいい子羊をさらって行ったのを、まだ気がつかずにいるらしい。神よ、狼どもにめぐみを垂れたまえ！」そう言って、朝めしを食いに山をおりた。

洞窟へ戻ってみると、ビルは穴の壁に押しつけられてハアハア息をはずませていた。小僧は椰子の実の半分ほどもある大きな石をビルに叩きつけようと身構えていた。

「この小憎め。真赤に煮えているジャガイモをおれの背中へ投げこみやがったんだ」とビルが説明した。「おまけに足でそいつをふみつぶしやがるんだ。おれは横っ面を張りとばしてやったよ。おめえ、鉄砲をもっているか、サム？」

50 51

어휘 설명

자세한 해설과 함께, 본문에 히라가나로 쓰인 단어 중 한자와 함께 익혀 두면 좋은 어휘에는 한자 표기를 병기하고, 또 예문에 쓰인 단어 중 읽기가 어려운 단어에는 읽는법을 밝혔습니다.

사진 자료는 어휘 해설에 대한 빠르고 정확한 이해를 도와줍니다.

문형 해설

주요 문형의 뜻풀이와 접속을 예문과 함께 알기 쉽게 정리했습니다.

일러두기

일본어의 한국어 표기는 다음과 같습니다.
장음은 단음으로 표기했습니다. 예 大阪 — 오사카
발음 표기는 로마자 표기의 발음에 따랐습니다. 예 つかう (tsukau) — 츠카우
촉음은 'ㅅ'으로 표기했습니다.

문형 접속 해설에 쓰인 활용형의 설명은 다음과 같습니다.
ます형(연용형) — ます가 붙기 이전의 형태
ない형 — ない가 붙기 이전의 형태
て형・た형 — 각각 て・た가 붙은 형태
な형용사な・명사の — な형용사의 어간에 な가 붙은 형태, 명사에 の가 붙은 형태
동사・い형용사・な형용사의 기본형 — 동사・い형용사는 사전에 실려 있는 형태, な형용사는 어간에 だ가 붙은 형태
보통형 — 기본형, 부정형, 과거형, 과거부정형

오디오 CD

원어민 성우의 정확한 내레이션으로 듣는 즐거움도 쌓으세요.

목차

오 · 헨리 걸작선

オー・ヘンリ傑作選

작가 소개

오 · 헨리(O. Henry, 1862~1910)

본명은 William Sydney Porter로 미국 노스캐롤라이나 주 그린버러에서 태어났다. 3세 때 어머니를 잃고 할머니와 숙모의 손에서 자랐다. 15세에 학교를 떠나 약제사, 은행원 등 여러 직업을 전전했으며, 1882년 텍사스 주로 옮겨 2년간 목장에서 일하기도 했다. 1894년 주간지 『The Rolling Stone』을 창간했으나 이듬해 4월 폐간되어, 이후 지방신문 『Houston Post』에 컬럼니스트 겸 기자로 참가하게 된다. 1896년 이전 근무하던 은행으로부터 공금횡령 혐의로 기소당하자 뉴올리언즈로 도망가지만 아내가 병중이라는 이야기를 듣고 귀국해 결국 5년형을 언도받는다. 모범수로 3년 만에 출옥한 그는 이름을 오 · 헨리로 바꾸고 뉴욕으로 가 3년간의 감옥생활에서 얻은 풍부한 체험을 소재로 본격적인 작가생활을 시작하여, 라틴아메리카의 혁명을 다룬 『Cabbages and Kings(캐비지와 왕)』(1904)를 제외하고는 『Heart of the West(서부의 마음)』(1907), 『The Four Million(4백

만)』(1906) 등 계속 단편집을 발표하여 인기 작가로서의 위치를 다졌다.

오 · 헨리는 10년 남짓한 짧은 활동 기간 동안 3백 편에 가까운 단편소설을 남겼는데, 특히 미국 남부나 뉴욕 뒷골목에 사는 가난한 서민과 빈민들의 애환을 따뜻한 휴머니즘과 의표를 찌르는 결말로 탁월하게 묘사하였다.

1918년 뉴욕 예술과학협회는 오 · 헨리를 기리기 위해 오 · 헨리 기념문학상을 제정하였다.

대표작으로는 우리에게 너무나도 잘 알려진 「最後の一葉(마지막 잎새)」「賢者の贈りもの(크리스마스 선물)」「赤い酋長の身代金(붉은 추장의 몸값)」「千ドル(천 달러)」「二十年後(20년 후)」 등이 있다.

작품 소개

경관과 찬송가

매디슨 카운티 근처 공원에서 노숙생활을 하는 소피는 따뜻한 겨울을 보내기 위해 봄까지 교도소에서 지내는 것이 소망이다. 그는 교도소에 들어가기 위해 일부러 상점의 쇼윈도를 깨거나 낯선 사람에게 시비를 걸거나 하지만 번번히 실패하고 만다. 그러다 우연히 오래된 교회에서 울려퍼지는 찬송가를 듣고 소피는 새 삶을 살기로 결심하는데……. 예상을 뛰어넘는 오 · 헨리만의 극적 아이러니를 느낄 수 있는 이야기.

붉은 추장의 몸값

장사 밑천으로 2천 달러를 벌기 위해 지방 유지의 아들 조니를 유괴하여 몸값을 받으려는 빌과 샘. 순조로울 줄 알았던 그들의 계획은 개구쟁이 조니를 만나면서 어긋나기 시작한다. 절묘한 반전으로 연민과 동정심을 불러일으키는 유괴범들의 어리숙한 범행기.

텍사스에 있는 오 · 헨리 박물관 전경

오 · 헨리가 텍사스에서 살던 집

20년 후

20년 후 헤어진 자리에서 다시 만날 것을 약속하고 일확천금의 꿈을 안고 서부로 간 밥은 성공하여 돌아온다. 20년 전의 약속 장소에서 친구 지미를 기다리며 순찰 중이던 경관에게 자신의 20년 전의 약속을 들려주는 지미. 성공한 지미는 과연 친구를 만날 수 있을까? 예상치 못한 극적 반전의 묘미가 살아 있는 이야기.

천 달러

유산으로 천 달러를 받게 된 질리언. 천 달러를 하찮은 금액이라 여긴 그는 여러 사람에게 과연 천 달러로 할 수 있는 일이 무엇인지에 대해 묻고 다니다 짝사랑하는 미스 헤이든에게 주기로 한다. 변호사에게서 천 달러의 사용법에 따라 5만 달러의 추가 유산 상속이 결정된다는 이야기를 들은 철부지 청년 질리언의 마음 따뜻한 로맨스가 담긴 이야기.

警官と讃美歌

マディソン・スクエアのいつものベンチで、ソーピーは、もぞもぞと身体を動かしていた。雁が夜かん高い声で鳴き、あざらしの毛皮のオーバーをもたぬ女たちが亭主にやさしくなり、そしてソーピーが公園のベンチでもぞもぞ身体を動かすと、もう冬も間近いことがわかるだろう。

□**警官** 경관, 경찰관 □**讃美歌** 찬송가 □**マディソン・スクエア** 매디슨 스퀘어 〈미국 뉴욕시 맨허튼 구에 있는 거리〉 □**いつもの** 언제나처럼 〈いつもの通(とお)り 평상시와 같이〉 □**もぞもぞ(と)** 꿈지럭꿈지럭, 느릿느릿 〈何をもぞもぞしているの 뭘 꿈지럭대고 있어?〉 □**雁** 기러기 □**かん高い** (소리가) 새되다, 날카롭고 드높다 □**あざらし** 바다표범 □**毛皮** 모피 □**オーバー** 오버, 외투 □**もたぬ** 갖지 못한 〈持つ＋ぬ (부정의 조동사 ぬ는 동사 ない형에 접속함, 단 する→せぬ, くる→こぬ가 됨〉 □**亭主** 집주인, 남편 □**間近い** 아주 가깝다, 임박하다

一枚の枯葉がソーピーの膝におちてきた。それはジャック・フロスト氏(訳注：霜の意)の名刺である。ジャックはマディソン・スクエアの常連たちに親切で、毎年ここを訪れるときには、ちゃんと予告してくれるのである。四つ辻の角のところで、彼は「青空荘」の玄関番である北風氏に名刺をわたす。おかげで屋敷の住民たちも冬支度ができるのである。

いよいよ迫りくる冬にそなえて、おれも、越冬対策委員会の、一人きりの委員になる決心をしなければならぬ、とソーピーは、はっきりとさとった。だから彼は、いつものベンチで落ちついていられなくなったのだ。

□枯葉 낙엽 □膝 무릎 □常連 단골 □訪れる 방문하다 □予告 예고 □四つ辻 사거리 □玄関番 문지기 □屋敷 대지, 집터, 대저택, 고급 주택 □冬支度 월동준비 □迫りくる 다가오다 □そなえる 갖추다, 대비하다 □越冬対策 월동 대책 □さとる 깨닫다 □落ちつく 진정되다, 안정되다

越冬策(えっとうさく)としてソーピーが抱(いだ)いた願望(がんぼう)は、そんなにぜいたくなものではなかった。地中海(ちちゅうかい)の船旅(ふなたび)をしたいとか、眠(ねむ)くなるような南(みなみ)の空(そら)の下(した)ですごしたいとか、ヴェスヴィアス湾(わん)で舟遊(ふなあそ)びをしたいとか、そんなことはすこしも考えていなかった。島(しま)(訳注：ニューヨークのイースト・リバーにある小島(こじま)、以前(いぜん)、刑務所(けいむしょ)があった。したがってここでは刑務所の意)での三カ月(さんかげつ)、これが彼の念願(ねんがん)なのだ。風の神(ボオリアス)や警官を心配(しんぱい)せずに、食事(しょくじ)とベッドと気(き)の合(あ)った仲間(なかま)が保証(ほしょう)されている三カ月が、ソーピーにとっては、望(のぞ)ましい最高(さいこう)のものなのだ。

ここ何年(なんねん)か、もてなしのいいブラックウェルズ島(とう)が彼の冬ごもりの住居(じゅうきょ)だった。冬がくるたびに、彼よりも幸運(こううん)にめぐまれたニューヨークの市民(しみん)たちが、パーム・ビーチやリヴィ

□抱く (마음에) 품다 〈だく라고 읽을 경우에는 '(실제로) 안다'는 뜻임〉 □願望 원하고 바람, 소원 □地中海 지중해 □船旅 배를 타고 하는 여행 □ヴェスヴィアス湾 베수비오 만 〈이탈리아의 나폴리에 있는 만〉 □舟遊び 뱃놀이 ■すこしも〜ない 전혀 ~하지 않다 〈すこしも反省(はんせい)の色がない 전혀 반성하는 기색이 없다〉 □刑務所 형무소 □したがって 따라서 □念願 염원 ■〜ずに (동사 ない형에 붙어) ~(하)지 않고 〈단 する→せず, くる→こず가 됨, ひとりで悩(なや)まずにご相談ください 혼자서 고민하지 말고 상담하세요〉 □気が合う 마음이 맞다 □仲間 동료, 같은 종류 □保証 보증 □〜にとっては ~에게 있어서는 □望ましい 바람직하다 □もてなし 접대, 대접 □冬ごもり 겨울에 틀어박힘 ■〜たびに(度に) (동사 기본형, 명사の에 붙어) ~할 때마다, ~할 적마다 〈この歌を聞くたびに涙があふれてきます 이 노래를 들을 때마다 눈물이 납니다〉 □〜にめぐまれる ~에 복 받다, ~을 타고나다, ~이 풍족하다 □パームビーチ 팜비치 〈미국 플로리다 주 남동부에 있는 도시〉

エラへ行く切符(きっぷ)を買うように、ソーピーは例(れい)によって島へしけこむために、ささやかな準備(じゅんび)をするのがつねだった。今年(ことし)も、ついにそのときがきたのだ。昨夜(さくや)は上着(うわぎ)の下(した)と、足首(あしくび)のまわりと、膝の上(うえ)に、日曜版(にちようばん)の新聞(しんぶん)を三部(さんぶ)ひろげて寝(ね)たが、そんなことでは、古(ふる)い公園の噴水(ふんすい)のほとりのベンチの上で寒(さむ)さを撃退(げきたい)できるものではなかった。折柄(おりから)、「島」が、ぼうっと、ソーピーの心(こころ)の中(なか)にうかびあがってきたのである。彼はこの町(まち)の食客(しょっきゃく)たちのために、慈善(じぜん)の名(な)において設(もう)けられた施設(しせつ)を軽蔑(けいべつ)していた。ソーピーの意見(いけん)によれば、法律(ほうりつ)のほうが、博愛(はくあい)よりも、ずっと親切(しんせつ)だった。市営(しえい)や慈善団体(だんたい)の施設は、数(かず)かぎりなくあった。望(のぞ)むなら、その世話(せわ)で、簡易生活(かんいせいかつ)にふさわしい宿泊所(しゅくはくじょ)や食物(しょくもつ)を受(う)けることもできた。だが、

□リヴィエラ 리비에라 〈프랑스와 이탈리아에 걸쳐 있는 해안〉 □例によって 여느 때와 마찬가지로 □しけこむ 틀어박히다 □ささやか 사소함, 작음, 조촐함 □つね 평소, 보통 □つい 그만, 어느덧, 바로 □上着 상의, 윗옷 □足首 발목 □ひろげる 펼치다 □噴水 분수 □ほとり 근처, 주위 □撃退 퇴격 □折柄 마침, 그때 □ぼうっと 희미하니, 멍하니 □うかびあがる 떠오르다 □慈善 자선 □～において ~으로, ~에 있어서, ~에서 □設ける 마련하다, 설치하다 □施設 시설 □軽蔑 경멸 □法律 법률 □博愛 박애 □数かぎりなく 한없이, 수없이 □簡易生活 간이생활, 간단하고 편리한 생활 □ふさわしい 어울리다

ソーピーのような自尊心(じそんしん)の強(つよ)いものには、慈善の贈(おく)りものは、気にくわなかった。よしんばゼニは払(はら)わなくても、慈善事業(じぎょう)の恩恵(おんけい)にあずかれば、そのたびに精神的屈辱(せいしんてきくつじょく)という代価(だいか)を支(し)払(はら)わなければならない。シーザーにブルータスがついていたように、慈善のベッドには入浴(にゅうよく)という課税(かぜい)がつきものだし、一片(いっぺん)のパンにありつくためには私事(わたくしごと)にまで立入(たちい)る個人的(こじんてき)な身元調査(みもとちょうさ)という代償(だいしょう)を支払わなければならない。規則(きそく)によって動かされているにしても、法律(ほうりつ)は紳士(しんし)の私事にまで不当(ふとう)な干渉(かんしょう)をしないから、むしろ法律の厄介(やっかい)になったほうがましなのだ。

島へ行く肚(はら)をきめると、ソーピーは早速(さっそく)その願望の達成(たっせい)にとりかかった。そうするためには、簡単(かんたん)な方法(ほうほう)がたくさん

□自尊心 자존심 □気にくわない 마음에 들지 않는다 □よしんば 가령, 설사 〈=たとえ・かりに, よしんばでもていたとしてもあんなの愛じゃないわ 설사 무슨 일이 있다 해도 그건 사랑이 아냐〉 □恩恵にあずかる 은혜를 받다 □屈辱 굴욕 □代価 대가 □支払う 지불하다 □つく 붙다, 따라오다 □入浴 입욕 □課税 과세 □つきもの 부속물, 으레 따르기 마련인 것 〈権利(けんり)に義務(ぎむ)はつきものだ 권리에 의무는 으레 따르기 마련이다〉 □~片 ~조각, ~토막 □ありつく 손에 넣다 □私事 개인적인 일 □立入る 개입하다, 관여하다, 들어가다 □身元調査 신원조사 □代償 대상 : 끼친 손해에 대한 대가를 물어줌 □規則 규칙 ■~にしても (동사 · い형용사의 보통형, 명사에 붙어) ~라 해도 〈子供がやったにしても許せない 아이가 했다고 하더라도 용서할 수 없다〉 □不当 부당 □干渉 간섭 □むしろ 오히려 □厄介 신세 〈厄介者(やっかいもの) 애물단지〉 ■~ほうがましだ (동사 た형 · 부정형, い형용사 기본형, な형용사な, 명사の에 붙어) (어느 상황도 좋지는 않지만 그래도) ~편이 낫다 〈寒いよりは暑いほうがましだ 추운 것보다는 더운 것이 낫다〉 □肚(腹)をきめる 결심하다, 각오하다 □早速 곧장 〈=すぐに, 早速お送(おく)りいたします 곧 보내드리도록 하겠습니다〉 □達成 달성 □とりかかる 착수하다, 매달리다

あった。一番愉快(いちばんゆかい)な方法は、どこかぜいたくなレストランで、豪勢(ごうせい)な食事をすることだった。それからおもむろに一文(いちもん)なしだと見得(みえ)を切(き)って、そのままじたばたせずに従順(じゅうじゅん)に警官の手(て)に引(ひ)きわたされることだ。あとは親切な判事(はんじ)が万事(ばんじ)とりはからってくれる。

　ソーピーはベンチをあとにして、ぶらぶら公園から出(で)て行き、ブロードウェイ通(どお)りと五番街(ごばんがい)とが合流(ごうりゅう)するあたりのアスファルトの平(たい)らな海(うみ)を渡(わた)って行った。ブロードウェイ通りを北(きた)へ向(むか)い、まばゆいばかりの料理店(りょうりてん)の前(まえ)で立(た)ちどまった。ここは夜(よる)ごと、とびきり上等(じょうとう)の葡萄酒(ぶどうしゅ)と絹(きぬ)の衣裳(いしょう)と洗練(せんれん)された人間(にんげん)たちが集(あつ)まってくるところなのである。

□愉快 유쾌(함) ↔ 不愉快(ふゆかい) 불쾌(함) □豪勢 호화롭고 사치스러움, 기세가 좋음 □おもむろに 서서히, 천천히 〈彼女はおもむろに目を開けこう話した 그녀는 서서히 눈을 뜨고 이렇게 말했다〉 □一文なし 무일푼, 빈털터리 □見得を切る 과시하다, 큰소리치다 □じたばた 바둥바둥, 바르작거림 〈今さらじたばたしても仕方(しかた)がないでしょう 이제 와서 아등바등 해봐도 어쩔 수가 없겠죠〉 □従順 순종, 거역하지 않음 □引きわたす 넘겨주다, 인도하다 □判事 판사 □万事 만사 〈万事休(きゅう)す 모든 일이 끝장이 나다, 어쩔 도리가 없다〉 □とりはからう(取り計らう) 조처하다, 배려하다 〈厳重(げんじゅう)に取り計らうように指示(しじ)してください 엄중하게 조처하도록 지시해 주세요〉 □あとにする 뒤로 하다 □ぶらぶら 어슬렁어슬렁, 빈둥빈둥 □合流 합류 □あたり 근처, 부근 □アスファルト 아스팔트 □平ら 평평함 〈土地(とち)を平らにさせる工事にとりかかった 땅을 평평하게 만드는 공사에 착수했다〉 □まばゆい 눈부시다 □~ばかり ~만, ~뿐 □立ちどまる 멈추어 서다 □~ごと(に) ~마다 〈3時間ごとに交代(こうたい)しています 3시간마다 교대하고 있습니다〉 □とびきり 뛰어남, 최상임 □葡萄酒 포도주 □絹 실크, 견 □洗練 세련

ソーピーは、チョッキの一番下のボタンから上には自信(じしん)があった。髭(ひげ)も剃(そ)ってあるし、上着も見苦(みぐる)しくないし、小(こ)ぎれいな黒(くろ)い結(むす)びつけのネクタイは感謝祭(かんしゃさい)の日(ひ)に婦人伝道師(ふじんでんどうし)から贈られたものであった。このレストランのテーブルへ怪(あや)しまれずにつくことができれば、成功(せいこう)は彼のものである。テーブルから上に出ている部分(ぶぶん)なら、給仕(きゅうじ)の心に疑惑(ぎわく)を起(おこ)すようなことはないだろう。真鴨(まがも)の丸焼(まるやき)くらいが、まず適当(てきとう)なところだろう、とソーピーは思った。それに白(しろ)葡萄酒が一(ひと)びんとカマンベールチーズ、食後(しょくご)のコーヒー一杯と葉巻(はまき)が一本(いっぽん)——葉巻の代(だい)は一ドルとみれば十分(じゅうぶん)だろう。全部合(ぜんぶあ)わせても、料理店の帳場(ちょうば)から、ひどい仕返(しかえ)しをされるほどの金高(きんだか)にはなるまい。しかも、これだけの食事は、彼を満腹(まんぷく)させ、幸福(こうふく)な気分(きぶん)で冬の避難所(ひなんじょ)へ旅立(たびだ)たせてくれるだろう。

□**髭を剃る** 수염을 깎다 □**見苦しい** 보기 흉하다, 꼴사납다 □**小ぎれい** 아담함, 깔끔함, 조촐함 □**結びつけ** 묶기, 연결 □**感謝祭** 추수감사절 □**伝道師** 전도사 □**怪しむ** 의심하다 □**給仕** 급사 □**疑惑** 의혹 □**真鴨** 청둥오리 □**丸焼** 통구이 □**カマンベールチーズ** 카망베르 치즈; 프랑스 노르망디 지방 원산의 연질 치즈 □**葉巻** 권련, 시가 ＝シガー □**帳場** 상점 · 여관 · 음식점 등의 계산대, 카운터 □**仕返しをする** 보복(복수, 앙갚음)을 하다 □**金高** 금액, 액수 ■ **~まい** (1그룹 동사의 기본형, 2그룹 동사의 ます형 또는 기본형, する → するまい・しまい, くる → くるまい・こまい) ~않을 것이다, ~않을 작정이다 〈彼女はもう二度とここへは来るまい 그녀는 이제 두번 다시 여기에는 오지 않을 것이다〉 □**満腹** 만복; 배가 잔뜩 부름 □**避難所** 피난처 〈여기서 말하는 겨울 피난처(冬の避難所)란 '감옥'을 가리킴〉 □**旅立つ** 여행을 떠나다

ところがレストランのドアの中へ一歩(いっぽ)足(あし)を踏(む)み入(い)れたとたんに、給仕長(きゅうじちょう)の目が、すり切(き)れたズボンと、はきふるした靴(くつ)の上に落ちた。たくましい敏捷(びんしょう)な手が待(ま)ってましたとばかり彼の向(む)きを変(か)え、ものも言わずに、たちまち彼を歩道(ほどう)へ送(おく)りかえし、すんでのことに食(く)い逃(に)げされるところだった真鴨の不名誉(ふめいよ)な運命(うんめい)を救(すく)ったのである。

ソーピーはブロードウェイ通りから横(よこ)へそれた。待望(たいぼう)の島へ行ける道(みち)は、食道楽(エピキューリアン)の道ではなかったようである。刑務所にはいれる何か別(べつ)の方法を見(み)つけ出(だ)さなければならない。

□**踏み入れる** 발을 들여놓다 ■**～とたんに** (동사 た형에 붙어) ~(하)자마자 〈家を出たとたんに、雨が降り出した 집을 나서자마자 비가 내리기 시작했다〉 □**すり切れる** 닳아서 해지다 □**はきふるす** 오래 신어 낡다 〈ふるす (동사 ます형에 붙어) 오래 써서 낡게 하다〉 □**たくましい** 힘차다, 억세다, 다부지다 □**敏捷** 민첩(함) ■**～とばかり** (동사 · い형용사의 보통형, な형용사 어간(だ), 명사(だ)에 붙어) ~할 듯한, ~할 것만 같은 〈今だとばかりに攻(せ)めてきた 지금이 기회라는 듯이 공격해 왔다〉 □**たちまち** 곧장, 바로 □**歩道** 보도 □**送りかえす** 되돌려 보내다 □**すんでのことに** 하마터면, 자칫하면 〈=すんで・すんでのところ, すんでのことに全財産(ぜんざいさん)を奪(うば)われるところだった 하마터면 전 재산을 빼앗길 뻔했다〉 □**食い逃げする** 음식값을 내지 않고 도망가다 □**救う** 구하다 □**それる** 빗나가다, 빗맞다, 벗어나다 □**待望** 기다리고 바람 □**食道楽・エピキューリアン** (epicurean) 식도락가, 향락주의자 □**見つけ出す** 발견하다, 찾아내다

六番街(ろくばんがい)の角(かど)に、電灯(でんとう)と板(いた)ガラスの奥(おく)に手際(てぎわ)よく陳列(ちんれつ)された商品(しょうひん)によって、ショーウィンドーが一際(ひときわ)目立(めだ)って見える店があった。ソーピーは石(いし)をひとつ拾(ひろ)いあげると、その窓(まど)ガラスに叩(たた)きこんだ。警官を先頭(せんとう)に大勢(おおぜい)のものが町角(まちかど)を曲(まが)って駆(か)けつけてきた。ソーピーは両手(りょうて)をポケットにつっこんだまま、じっとしていた。そして、警官の真鍮(しんちゅう)のボタンを見ると、にやりとした。

「こんなことをした奴(やつ)は、どこにいるんだ？」警官は興奮(こうふん)してたずねた。

「あっしがこれに関係(かんけい)があるかもしれねえとは思わねえかね？」皮肉(ひにく)まじりに、しかも幸運を迎(むか)える人のように、親(した)しみをこめて、ソーピーは言った。

□板ガラス 판유리 □奥 안, 속 □手際よい 솜씨 좋다 □陳列 진열 □一際 한층 더, 유달리 〈=いっそう・一段と, 話し声が一際大きくなった 이야기 소리가 한층 커졌다〉 □目立つ 눈에 띄다 □拾いあげる 주어들다, 주어올리다 □叩きこむ 때려 넣다, 때려 박다 □駆けつける 급히 가다, 달려 가다 □つっこむ 찔러 넣다, 쑤셔 넣다 ■～たまま (동사 た형에 붙어) ~한 채, ~한 상태 그대로 〈彼は壁を向いたまま寝ていたので顔は見えなかった 그는 벽을 향한 채 자고 있었기 때문에 얼굴은 보이지 않았다〉 □じっと 가만히 □真鍮 놋쇠 □にやりと 히죽, 싱긋 □皮肉まじりに 빈정거림을 섞어 〈白髪まじり 백발이 섞임〉 □～をこめる ~을 담다 〈彼に心をこめた手づくりチョコレートを送った 그에게 마음을 담아 직접 만든 초콜릿을 보냈다〉

警官の心は、ソーピーの言葉を、一つの手がかりとしてすら受けつけなかった。窓を叩き割るような男が、法律の代理人と話しあうためにその場に残っているはずがない。そういう奴は、一目散に逃げだすものだ。警官は、電車に乗ろうとして半ブロックほどさきを走って行く一人の男に目をとめた。警棒をひきぬいて彼はその男を追いかけた。ソーピーは、またしてもしくじったので、無念やるかたなく、ゆっくりと歩きだした。

□手がかり 실마리, 단서 □～すら ~조차, ~마저 〈彼は平仮名すら読めない 그는 히라가나조차 못 읽는다〉 □叩き割る 두드려 깨다 ■～はずがない (동사・い형용사의 보통형, な형용사な, 명사の에 붙어) ~(할)리가 없다 〈彼はそんな無駄なことをするはずがありません 그는 그런 쓸모없는 일을 할 리가 없습니다〉 □一目散に 쏜살같이 ■～ものだ (동사・い형용사의 기본형, な형용사な에 붙어) ~하는 법이다 〈夏は暑いものだ 여름은 더운 법이다〉 □半ブロック 반 블록 □目をとめる 주의해서 보다, 주목하다 □警棒 경찰봉 □ひきぬく 뽑아 내다, 스카우트하다 □追いかける 뒤쫓다, 뒤쫓아가다 □またしても 또다시, 거듭 □しくじる 실수하다, 실패하다, 그르치다 □無念やるかたない 원통하기 짝이 없다

通りの向う側に、たいして見栄えのしないレストランが一軒あった。それは、食欲はすごいが、ふところはさびしい人間には、おあつらえ向きの店だった。食器類と雰囲気は厚ぼったいが、スープとテーブルクロスは薄かった。この店の中へ、ソーピーはとがめられもせずに、気のひける靴と、かくしようもないズボン姿で入って行った。テーブルについて、ビフテキと大きなホット・ケーキとドーナッツとパイを平らげた。それから給仕に、自分はビタ一文も金には縁のない人間だという事実をうちあけた。

「さあ、さっさとお巡りを呼んでこい」とソーピーは言った。「紳士をまたせるもんじゃねえぜ」

□たいして〜ない 그다지(별로) ~하지 않다 □見栄え 돋보임 〈見栄えのする着物 볼품 있는 옷〉 □あつらえ向き 안성맞춤 □厚ぼったい 두툼하다 □テーブルクロス(tablecloth) 식탁보 □とがめる 나무라다, 검문하다 □気がひける 기가 죽다, 주눅이 들다 □かくす 감추다, 숨기다 ■〜ようも(が)ない (동사 ます형에 붙어) (~하려고 해도) ~할 수도(가) 없다 〈まったく分からないことだから答えようもなかった 전혀 모르는 일이라 대답할 수가 없었다〉 □ビフテキ 비프스테이크 □ホットケーキ 핫케이크 □平らげる 먹어치우다, 평정하다 〈そばを五杯もぺろりと平らげた 메밀국수를 다섯 그릇이나 순식간에 먹어 치웠다〉 □ビタ一文 단돈 한 푼 □縁がない 인연이 없다 〈縁を切る 인연을 끊다〉 □うちあける 털어놓다, 밝히다 □さっさと 재빨리, 척척, 냉큼 □お巡り 순경, 경찰 □〜ぜ ~이야, ~터이다 〈스스럼없는 사이에서 가벼운 다짐이나 주의를 환기시킬 때 씀〉 ■〜ものではない (동사 기본형에 붙어) ~하는 것이 아니다, ~해서는 안 된다 〈大人をからかうものではない 어른을 놀리면 못 써〉

「おめえみてえな奴にゃお巡りの必要はねえさ」給仕は、バター・ケーキみたいにねばっこい声で、マンハッタン・カクテルの中のサクランボみたいな目をして言った。「おい、コン、手をかしてくれ」

無情な舗道の上へ、きちんと左の耳を下にして、二人の給仕に放り出された。彼は、まるで大工の折尺をひらくように、関節を一つ一つ伸ばしながら立ちあがり、服のほこりをはたいた。拘留は、バラ色の夢にすぎないように思えた。島は、まだはるか彼方のようであった。二軒さきのドラッグ・ストアの前に立っていた警官は、笑って通りを歩き去った。

通りを五ブロックほど行ってから、やっとまた逮捕を求める勇気がわいてきた。こんどは、あさはかにも彼が「なんの

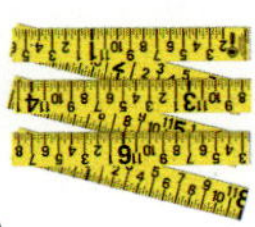

□おめえ 너, 자네 〈お前(まえ)의 변한말〉 □～みてえな ~같은 〈みたいな의 변한말〉 □ねばっこい 끈적하다, 진득거리다 □マンハッタン・カクテル 맨해튼 칵테일 □サクランボ 버찌, 체리 □手をかす 손을 빌려주다, 협력해주다 □舗道 포장도로, 길바닥 □放り出す 내던지다, 내쫓다, 팽개치다 ■まるで～ようだ 마치 ~인 것 같다 〈町はすっかりさびれてしまって、まるで火が消(き)えたようだ 마을은 완전히 황폐해져 버려서 마치 불이 꺼진 것 같다〉 □大工 목수, 목수일 □折尺をひらく 접자를 펼치다 □関節 관절 □伸ばす 늘이다, 기르다, 펴다 □立ちあがる 일어서다 □ほこりをはたく 먼지를 털다 □拘留 구류 □はるか 아득함, 멀리 떨어져 있음 □彼方 저쪽, 저편 〈＝むこう, 空の彼方 하늘 저편〉 □ドラッグ・ストア 약국 □歩き去る 걸어 지나가다 □逮捕 체포 □わく 솟아나다, 분출하다 □あさはかにも 어리석게도

造作もないこと」と自分勝手にきめこんでいたことが運よく降ってわいたのである。つつましやかな、小ざっぱりした身なりの若い女が、ショーウィンドーの前に立って、髭そり用のコップやインクスタンドなどの陳列品に、目を輝かして見入っていた。そして、その窓から二ヤードはなれたところに、いかめしい物腰の大男の警官が、消火栓にもたれていた。

卑劣な、いやらしい「女たらし」の役を演じるのが彼の計画であった。上品で優雅な犠牲者の姿と実直そうな警官とを目の前にして、彼は、これでもうすぐ、あの小ぢんまりとした狭い島での一冬の宿を保証してくれる気持のよい警官の手が自分の腕をつかむのを感じることができるのだ、という確信に駆り立てられた。

□ **造作** 수고, 번거로움, 귀찮은 일 〈仕事を何の造作もなくかたづけました 일을 아주 손쉽게 처리했습니다〉 □**きめこむ** (혼자서 마음대로) 그런 줄로 믿다, (의도적으로 그러게 하려고) 작정하다 □**つつましやか** 얌전함, 조신함 □**小ざっぱり** 말쑥함, 깔끔함 □**身なり** 옷차림, 몸매 □**髭そり用** 수염 면도용 □**インクスタンド** 잉크스탠드 □**輝かす** 빛내다 □**見入る** 바라보다, 주시하다 □**ヤード** 야드 〈1야드는 0.9144m임〉 □**いかめしい** 위엄 있다, 엄숙하다 □**物腰** 태도, 언동 □**大男** 거한, 덩치가 큰 남자 □**消火栓** 소화전 □**もたれる** 기대다, 의지하다 □**卑劣** 비열(함) □**いやらしい** 불쾌감이 들다, 징그럽다 □**女たらし** 난봉꾼 □**優雅** 우아(함) □**犠牲者** 희생자 □**実直** 정직하고 성실함, 올곧음 □**小ぢんまりと** 아담하게, 조촐하게, 오붓하게 □**つかむ** 잡다, 붙잡다 □**駆り立てる** 몰다, 몰아대다, 부추기어 끌어내다

ソーピーは、婦人(ふじん)伝道師からもらった結びつけのネクタイを直(なお)し、しりごみしたがるカフスを袖口(そでぐち)へ引(ひ)っぱりだし、帽子(ぼうし)も粋(いき)に横(よこ)っちょにかぶって、若い女のほうへ、にじり寄(よ)って行った。色目(いろめ)を使(つか)いながら、とつぜん咳払(せきばら)いをしたり、エヘンと言ったり、ほほえんでみせたり、にやりとしたりして、「女たらし」の用いるずうずうしい卑劣な常套手段(じょうとうしゅだん)を臆面(おくめん)もなくやってのけた。警官が、じっとこちらを見ているのが横目(よこめ)で知(し)れた。若い女は二(に)、三歩(さんぽ)はなれると、またしても、髭そり用のコップを熱心(ねっしん)に見つめた。ソーピーはそれを追って大胆(だいたん)に彼女のそばに歩(あゆ)みより、帽子をあげて言った。

「やあ、ベデリヤ！うちへ遊(あそ)びにこないか」

□しりごみする 머뭇거리다, 물러서다 〈ここでしりごみしてしまうと先に進めません 여기서 물러서면 앞으로 나갈 수 없습니다〉 □カフス 커프스 □袖口 소맷부리 □引っぱりだす 끌어내다, 끌어당기다 □粋に 멋지게, 세련되게 □横っちょに 삐딱하게, 비스듬하게 □にじり寄る 무릎걸음으로 다가가다, 조금씩 다가가다 □色目を使う 추파를 던지다, 곁눈 주다 □とつぜん 돌연, 갑자기 □咳払い 헛기침을 함 〈咳払いをして席に着いた 헛기침을 하고 자리에 앉았다〉 □ほほえむ 미소 짓다 □用いる 이용하다 □ずうずうしい 뻔뻔스럽다 □常套手段 상투수단 □臆面もない 뻔뻔스럽다, 넉살좋다 〈=ずうずうしい, 臆面もなく金を要求(ようきゅう)してきた 뻔뻔스럽게도 돈을 요구해 왔다〉 □やってのける 해내다, 잘 처리하다 □横目 곁눈, 곁눈질 □見つめる 응시하다, 주시하다 □大胆に 대담하게 □歩みよる 걸어서 다가가다, 서로 의견을 접근시키다

警官は、まだ見ていた。つきまとわれているこの若い女が、指(ゆび)でちょっと合図(あいず)をしさえすれば*、ソーピーは事実上(じじつじょう)、島の避難所への道をたどることになるのだ。早(はや)くも警察署(けいさつしょ)の気持のいい暖(あたた)かさが感じられるような気がしてきた。若い女は彼のほうを向き、片手(かたて)をさしのべて、ソーピーの上着の袖をつかんだ。

「行くわ、マイク」彼女は、うれしそうに言った。「ビールを一杯おごってくれるんなら。あたしのほうからさきに声をかけたかったのだけれど、ポリ公(こう)が見てたもんだから」

樫(かし)の木にからみついた蔦(つた)のような格好(かっこう)の若い女をつれて、ソーピーは、すっかり憂鬱(ゆううつ)になって警官のそばを通りすぎた。どうしても逮捕されない運命(うんめい)のようであった。

□つきまとう 늘 따라다니다, 늘 붙어다니다 □合図 신호, 사인 =サイン □道をたどる 길을 더듬어 찾아가다 □片手 한쪽 손 □さしのべる 내밀다, 뻗치다 □ポリ公 경찰관을 친밀감이나 경멸을 담아 부르는 속어 □～ものだから ~이니까 □樫の木 떡갈나무 □からみつく 휘감기다, 시비를 걸다 □蔦 담쟁이덩굴 □憂鬱になる 우울해지다 □どうしても～ない 아무리 해도 ~하지 않다 〈どうしても分からない 아무리 해도 모르겠다〉

* ～さえ～ば(たら) (동사 ます형, な형용사で, 명사에 붙어) ~만 ~면

동사	この薬を飲みさえすればすぐ治ると思いますが。〈飲んでいる→飲んでさえ〉 이 약을 먹기만 하면 금방 나을 겁니다만.
な형용사	元気でさえいてくれれば他に何も望みません。 건강하기만 하면 다른 것은 아무것도 바라지 않습니다.
명사	お金さえあればいいですか。돈만 있으면 됩니까?

　つぎの曲(まが)り角(かど)へくると、彼は相手(あいて)の女をふりはなして駆け出した。夜ともなれば、最(もっと)も明(あか)るい街(まち)と、最もうきうきした気分と、最もお手軽(てがる)な愛(あい)の誓(ちか)いと、最も陽気(ようき)な唄(うた)とが出現(しゅつげん)するあたりまでくると、彼は足(あし)をとめた。毛皮にくるまった女たちやオーバーを着(き)こんだ男たちが、冬の大気(たいき)の中を溌剌(はつらつ)と行(ゆ)きかっていた。自分は何かおそろしい魔術(まじゅつ)にかかって逮捕免疫症(めんえきしょう)になってしまったのではあるまいかという不安(ふあん)が不意(ふい)にソーピーをおそった。そう思うと、ちょっとうろたえ気味(ぎみ)になった。一人の警官が、すばらしく立派(りっぱ)な劇場(げきじょう)の前を、もったいぶった格好で行ったりきたりしているのにぶつかると、彼は「治安妨害(ちあんぼうがい)」という目の前の藁(わら)にすがりつこうとした。

□**曲り角** 모퉁이　□**ふりはなす** 뿌리치다, 흔들어 떨치다　□**駆け出す** 뛰어나가다, 뛰기 시작하다　□**うきうきする** 마음이 들뜨다　□**手軽** 간단함, 간편함, 손쉬움　□**誓い** 맹세　□**陽気** 명랑(함), 밝고 쾌활(함) ↔ 陰気(いんき) 침울(함), 음침(함)　□**くるまる** 휘감아서 몸을 푹 싸다　□**着こむ** 여러 벌 껴입다, 차려 입다　□**溌剌** 발랄　□**行きかう** 왕래하다　□**魔術にかかる** 마술에 걸리다　□**免疫症** 면역증　□**不意に** 갑자기, 뜻밖에　□**おそう** 습격하다, 들이닥치다　□**うろたえる** 당황하다, 갈팡질팡하다 〈突然(とつぜん)の客にうろたえる 갑작스러운 손님 탓에 당황하다〉　□**気味** 느낌, 기분, 기미　□**もったいぶる** 거드름 피우다　□**ぶつかる** 부딪치다　□**治安妨害** 치안방해　□**藁にすがりつく** 지푸라기에 매달리다(달라붙다) 〈おぼれる者はわらをもつかむ 물에 빠진 자는 지푸라기라도 잡는다〉

歩道で、どら声を張(は)りあげ、酔払(よっぱら)いのたわごとをわめきはじめた。踊(おど)ったり、どなったり、あばれたり、その他(た)の方法で、あたりを騒(さわ)がした。

警官は警棒をくるくるまわしながら、ソーピーには背中(せなか)を向けて、一人の市民に言った。

「エール大学の学生ですよ。ハートフォード大学を零敗(れいはい)させたというので、お祝(いわ)いさわぎをやっているんです。騒々(そうぞう)しいが別に害(がい)はありませんよ。放(ほう)っておけという命令(めいれい)をうけているんです」

みじめな気持でソーピーは無益(むえき)な騒ぎを中止(ちゅうし)した。どうしても警官はおれを逮捕してくれないのだろうか？ 島は、とうてい行きつくことのできない理想郷(りそうきょう)のような気がしてきた。冷(つめ)たい風(かぜ)に吹(ふ)かれて彼は薄い上着のボタンをかけた。

□ どら声 굵고 탁한 음성 □張りあげる 소리를 지르다, 외치다 □酔払い 술주정꾼, 술주정뱅이 □たわごと(戯言) 잡소리, 허튼소리, 잠꼬대 〈おまえのたわごとは聞きあきた 너의 허튼소리는 듣기 질렸다〉 □わめきはじめる 큰소리로 외치기 시작하다, 아우성치기 시작하다 □踊る 춤추다 □どなる 소리치다, 호통치다 □あばれる 날뛰다 □騒がす 시끄럽게 하다, 떠들썩하게 하다 □くるくるまわす 뱅뱅 돌리다 □零敗 영패 ; 시합에서 득점이 전혀 없이 패함 ＝ゼロ敗 □騒々しい 시끄럽다, 떠들썩하다 □放っておく 내버려 두다, 방치하다 □みじめ 비참함, 참담함 □無益 무익(함) □とうてい (대개 뒤에 부정 표현이 와서) 도저히 〈＝とても・どうしても, とうてい忘れられません 도저히 잊을 수 없습니다〉 □行きつく 다다르다, 도착하다 □理想郷 이상향 ＝ユートピア

煙草屋の店さきで、身なりのいい男が、ぶらさがっている点火器で葉巻に火をつけているのが、彼の目にとまった。入口の扉のところに、その男の絹の傘が立てかけてあった。ソーピーは店の中へはいり、その傘をつかんで、ゆっくりと出てきた。葉巻に火をつけていた男が、あわてて追いかけてきた。

「おい、それはぼくの傘だぞ」と、彼は荒々しく言った。

「へえ、そうかね」コソ泥を働いた上に侮辱まで加えてソーピーはあざ笑った。「そんなら、どうして警官を呼ばねえのかね？おれが盗んだんだよ。おまえさんの傘をね。なぜ、ポリ公を呼ばねえのかね？あの角に一人立ってるじゃないか」

傘の持主は足をゆるめた。ソーピーも、そうした。運が、またしても逃げ出してしまいそうな予感を感じた。警官は二人をふしぎそうに見ていた。

□ぶらさがる 늘어지다, 매달리다 □点火器 점화기 □扉 문 □立てかける 기대어 세우다 □あわてる 당황하다 □荒々しい 난폭하다, 몹시 거칠다 □こそ泥を働く 좀도둑질을 하다 □侮辱 모욕 □加える 더하다, 보태다 □あざ笑う 비웃다, 코웃음치다 □持主 주인, 임자 □足をゆるめる 발걸음을 늦추다 □予感 예감

「いうまでもないことだが」と傘の持主が言った。「つまり……そのう……こういうまちがいは、よくあるもんでして……私(わたし)は……もしそれがあなたの傘だとしたら、かんべんしていただきたいもんで……実(じつ)は今朝(けさ)ほど、あるレストランで拾(ひろ)いましたんで……もしあなたの傘だとしたら、そのう……どうかお許(ゆる)しを……」

「もちろん、おれのだよ」ソーピーは意地(いじ)わるく言った。

傘の前の持主は退散(たいさん)した。警官は、夜会用(やかいよう)の外套(がいとう)をまとった背(せ)の高(たか)い金髪(きんぱつ)の婦人のところへ走りより、二ブロックほど前方(ぜんぽう)から近(ちか)づいてくる電車の前で道路(どうろ)を横(よこ)ぎるのを助(たす)けてやった。

□ まちがい(間違い) 실수, 과실 〈=過(あやま)ち, 明日までまちがいなく仕上げてよ 내일까지 실수 없이 완성해 줘〉 □かんべんする 용서하다 □許す 용서하다, 허락하다 □意地わるい 심술궂다, 짓궂다 □退散する 도망가다, 달아나다 □夜会用 연회용 □外套 외투 □まとう 몸에 걸치다, 두르다 □金髪 금발 〈=ブロンド, 銀髪(ぎんぱつ) 은발〉 □走りよる 달려가다 □横ぎる 가로지르다

ソーピーは道路工事(こうじ)で掘(ほ)り返(かえ)された通りを東(ひがし)へ歩いて行った。腹立(はらだ)ちまぎれに傘を工事中の穴(あな)のなかへ投(な)げこんだ。ヘルメットをかぶり警棒をもった男たちの悪口(わるくち)を、ぶつぶつつぶやいた。こちらはつかまえてもらいたがっているのに、どうやら先方(せんぽう)は彼のことを何をやっても罪(つみ)にならない王様(おうさま)か何ぞのように考えているらしい。

ついにソーピーは、街の明(あか)りも騒音(そうおん)もほとんどない東よりの大通(おおどお)りの一つにさしかかった。そこからマディソン・スクエアのほうへ顔(かお)を向(む)けた。帰巣本能(きそうほんのう)は、たとえその家(いえ)が公園のベンチであろうとも、いまなお消(き)えなかったのである。

けれども、妙(みょう)にひっそりとした街角(まちかど)で、ソーピーは、はたと立ちどまった。そこに一風変(いっぷうかわ)った、不規則(ふきそく)なつくりの、

□掘り返す 다시 파다, 다시 문제 삼다 □腹立つ 화나다 ■~まぎれに (동사 ます형, な형용사 어간에 붙어) ~한 나머지 〈退屈(たいくつ)まぎれにノートに落書きをした 지루한 나머지 노트에 낙서를 했다〉 □投げ込む 던져넣다 □ヘルメット 헬멧 □悪口 험담, 욕 □ぶつぶつ 투덜투덜 □つぶやく 중얼거리다, 투덜거리다 □つかまえる 붙잡다 □先方 상대방 □罪 벌 □何ぞ 그 무엇인가, 그 어떤 □~らしい (동사 · い형용사의 보통형, な형용사 어간, 명사에 붙어 객관적인 추량을 나타냄) ~것 같다 □騒音 소음 □~より ~에서, ~부터 □さしかかる 다다르다, 이르다, 내리덮다 □帰巣本能 귀소본능 ■たとえ~とも(~ても) 설령 ~하여도 〈たとえわが身がどうなろうとも、約束は守(まも)る 비록 내가 어찌 된다고 하더라도 약속은 지키겠다〉 □いまなお 지금도, 아직도 □消える 사라지다 □妙に 묘하게, 이상하게 □ひっそりと 조용하게, 쥐 죽은 듯이 □はたと 갑자기, 문득 □一風 약간

破風(はふ)のある古(ふる)めかしい教会(きょうかい)が建(た)っていた。すみれ色(いろ)のステインド・グラスの窓ごしに、やわらかい灯火(とうか)が輝いていた。たぶん、オルガン弾(ひ)きが、つぎの日曜日(にちようび)の讃美歌をちゃんと弾けるかどうか確(たし)かめるために、キイをなでまわしているのであろう。美(うつく)しい楽(がく)の音(おと)がソーピーの耳に流(なが)れてきて、彼の心をとらえ、渦巻(うずま)き模様(もよう)の鉄柵(てっさく)のところに釘(くぎ)づけにしてしまった。

月(つき)は中天(ちゅうてん)にかかって明るく輝き、車(くるま)も歩行者(ほこうしゃ)も、ほとんどなかった。雀(すずめ)が軒(のき)さきで眠そうにさえずっていた——しばらくのあいだ、あたりは教会のある田舎(いなか)の風景(ふうけい)を思わせた。オルガンの奏(かな)でる讃美歌はソーピーを鉄柵にぴたりと糊(のり)づけしてしまった。彼の生活のなかに、母(はは)、薔薇(ばら)、野心(やしん)、友人(ゆうじん)、汚(けが)れのない思考(しこう)、純白(じゅんぱく)のカラーといったようなものがまだあった時分(じぶん)、よく聞いて知っていた讃美歌だったのだ。

□ **破風** 박공 ; (건축에서) 지붕 위의 양옆에 'ㅅ'자 모양을 이루는 부분에 대는 삼각형의 장식판, 또는 그

게 붙어 있는 부분 □ **古めかしい** 고풍스럽다, 예스럽다 □ **すみれ色** 짙은 보라색 □ **ステインド・グラス** 스테인드글라스 □ **窓ごしに** 창 너머로 □ **灯火** 등불 □ **オルガン弾き** 오르간 연주자 □ **キイ** 건반 □ **なでまわす** 이리저리 어루만지다, 쓰다듬다 □ **心をとらえる** 마음을 빼앗기다 □ **渦巻き** 소용돌이 □ **模様** 무늬 □ **鉄柵** 철책 □ **釘づけにする** 못을 박다, 꼼짝 못하게 하다 □ **中天にかかる** 중천에 뜨다 □ **雀** 참새 □ **軒さき** 처마 □ **さえずる** 지저귀다 □ **奏でる** 연주하다 □ **ぴたりと** 딱, 꼭 □ **糊づける** 풀 붙이다, 들러붙다 □ **薔薇** 장미 □ **野心** 야심 □ **汚れ** 더러움, 불결 □ **思考** 사고 □ **純白** 순백 □ **時分** 무렵, 시기

感じやすくなっていた彼の気持と古い教会の感化力(かんかりょく)とが結びついて、突然(とつぜん)、おどろくべき変化(へんか)をソーピーの魂(たましい)にもたらした。自分が落ちこんだ深(ふか)い穴、自分の存在(そんざい)を形(かたち)づくっている堕落(だらく)した日々(ひび)、下劣(げれつ)な欲望(よくぼう)、死(し)のごとくむなしい希望(きぼう)、だめになった才能(さいのう)、卑(いや)しい動機(どうき)などを、おそるおそる、すばやくふりかえって眺(なが)めた。

すると、たちまち彼の心は、この新(あたら)しい気分に感応(かんのう)してふるえた。強い衝動(しょうどう)が、たちどころに彼を絶望的(ぜつぼうてき)な運命と戦(たたか)わせた。自分を泥沼(どろぬま)から引(ひ)き出(だ)そう。もういちど、まともな人間になろう。自分にとりついている悪(あく)にうち勝(か)とう。まだ遅(おそ)くはない。おれはまだ比較的(ひかくてき)若いのだ。昔(むかし)の真剣(しんけん)な野心をもう一度(いちど)よみがえらせ、よろめいたりせずに、それを追い求め

□結びつく 맺어지다, 결합되다 ■～べき (동사 기본형에 붙어) ~해야 될, ~하는 게 온당한 〈守るべきの規則(きそく)を無視(むし)することは何事だ 지켜야 할 규칙을 무시하다니 무슨 일이야?〉 □魂 영혼, 넋 □もたらす 초래하다, 야기하다 □落ちこむ 빠지다, 침울해지다 □形づくる 몸치장하다, 만들다, 형성하다 □堕落 타락 □下劣 비열(함), 야비(함) 〈下劣な根性(こんじょう)をむき出しにする 비열한 근성을 노골적으로 드러내다〉 ■～ごとく (동사 보통형, 명사の에 붙어) ~처럼, ~와 같이 〈문어적인 느낌을 줌, 彼女は子供のごとく自分の好きな物しか食べない 그녀는 아이처럼 자기가 좋아하는 것만 먹는다〉 □むなしい 헛되다, 덧없다 □だめになる 못 쓰게 되다, 제구실을 못하다 □卑しい 천하다, 비열하다, 저속하다 □動機 동기 □おそるおそる 쭈뼛쭈뼛, 조심조심 □すばやく 재빨리 □ふりかえる 뒤돌아보다, 회고하다 □眺める 바라보다 □たちまち 곧, 즉시 □感応 감응 □ふるえる 떨리다, 흔들리다 □衝動 충동 □たちどころに 당장, 즉시 □戦う 싸우다, 다투다 □泥沼 수렁, 진창 □引き出す 끌어내다, 꺼내다 □まとも 건실(함), 착실(함) □とりつく 매달리다, 착수하다, 붙다 □うち勝つ 무찌르다, 이기다 □真剣 진지(함) □よみがえる 소생하다 □よろめく 비틀거리다 □追い求める 추구하다

よう。あの厳粛(げんしゅく)な美しいオルガンの調(しら)べが、彼の心に革命(かくめい)を起(おこ)したのであった。明日(あした)は騒々しい下町(したまち)へ出かけて仕事を見つけよう。以前(いぜん)、ある毛皮輸入商(ゆにゅうしょう)が運転手(うんてんしゅ)になったらどうかとすすめてくれたことがあった。あす、その人に会って仕事のことを頼(たの)んでみよう。おれも、ちゃんとした一人前(いちにんまえ)の人間になろう。おれだって――

ふと誰(だれ)かの手が自分の腕をつかんだのを感じた。ふり向(む)くと、まぎれもない警官の顔があった。

「こんなところで何をしてるんだ？」と警官はきいた。

「なんにも」とソーピーは答(こた)えた。

「ともかく一緒(いっしょ)にこい」と警官は言った。

「禁固(きんこ)三カ月」翌朝(よくあさ)、軽犯罪裁判所(けいはんざいさいばんしょ)で治安判事が言い渡した。

(The Cop and the Anthem)

□**厳粛** 엄숙(함) □**調べ** 음악 등의 가락이나 정서, 조율 □**革命** 혁명 □**下町** 상인이나 장인들이 많이 사는 서민 지역 □**輸入商** 수입상 □**すすめる** 권하다, 추천하다 □**一人前** 1인분, 한 사람 몫〈=一人分(ひとりぶん), 寿司(すし)一人前 생선 초밥 1인분, 就職(しゅうしょく)して一人前になる 취직해서 제 몫을 하게 되다〉 □**まぎれもない** 틀림없다, 명백하다 □**禁固** 금고 ; 교도소에 구치할 뿐 강제로 징역에 부과되지 않음 □**軽犯罪** 경범죄 □**裁判所** 재판소 □**治安判事** 치안판사 □**言い渡す** 선고하다, 알리다

赤(あか)い酋長(しゅうちょう)の身代金(みのしろきん)

うまい話(はなし)だと思(おも)ったんだ。まあ、待(ま)ちなよ、いま話(はな)すからさ。この誘拐事件(ゆうかいじけん)を思いついたのは、おれたちが——おれとビル・ドリスコルが——南部(なんぶ)のアラバマへ行ってたときなんだ。あとになってビルが言(い)ったように、まったく「ついふらふらと魔(ま)がさした」ってわけさ。だが、そうとわかったときは、あとの祭(まつ)りでね。

□**酋長** 추장 □**身代金** (인질의) 몸값, 인신매매의 대금 □**うまい話** 달콤한 말 □**〜なよ** ~(해)라 〈〜なさいよ의 줄임말〉 □**〜さ** ~말이야 〈상대방의 주의를 끌려는 마음을 나타냄〉 □**誘拐** 유괴 □**思いつく** 생각이 떠오르다, 생각나다 □**アラバマ** 앨라배마 〈미국 남동부에 있는 주〉 □**魔がさす** 마가 끼다 〈魔がさしたとはいえ、してはならないことをしてしまった 마가 끼었다고는 하지만 해서는 안 될 짓을 하고 말았다〉 ■**〜って** ~라는 〈〜という의 줄임말, 明日行かなくてもいいってことですね 내일 가지 않아도 된다는 얘기죠?〉 □**わけ** 도리, 이치 □**あとの祭り** 시기를 놓침, 원님 행차 뒤의 나팔

そのアラバマに、ホット・ケーキみたいに平(ひら)べったい町(まち)があった。もっとも名前(なまえ)だけは「頂上(サミット)」なんて呼(よ)ばれているんだがね。ここの住民(じゅうみん)ときたら、みんな百姓(ひゃくしょう)なんだが、五月(ごがつ)祭(さい)の踊(おど)りに集(あつ)まってくるような、すごく円満(えんまん)な顔(かお)つきの、人のいい連中(れんちゅう)ばかりだった。

ビルとおれとは、二人合(あ)わせて六百(ろっぴゃく)ドルばかりの資本(もとで)をもってたんだが、西部(せいぶ)イリノイあたりで、いかさま土地(とち)周旋(しゅうせん)で一儲(ひともう)けするには、あと二千ドルはどうでも必要(ひつよう)だった。宿屋(やどや)の玄関(げんかん)の階段(かいだん)に腰(こし)をおろして、おれたちは相談(そうだん)した。こういう半(なか)ば田舎(いなか)じみた町では、子供を可愛(かわい)がる気持(きもち)が特別強(とくべつつよ)いという話になって、そんなことから——いや、ほかにも理由(りゆう)はあったが——子供を誘拐するってのも、ちょいとした思いつきじゃないか、ということになったんだ。このへんは、

□平べったい 납작하다, 평평하다 □~ときたら ~라고 하면 〈어떤 것을 화제로 삼을 때 씀, この頃の若者ときたら 요즘의 젊은 사람들이란〉 □百姓 농민, 시골뜨기 □五月祭 노동절 ; 5월 1일에 행해지는 봄 축제 □円満 원만 □顔つき 얼굴 생김새 □連中 패거리 □~ばかり ~뿐, ~만 □資本 자본 □イリノイ 일리노이 〈미국 중서부에 있는 주로 미국 내에서도 가장 평탄한 지역임〉 □いかさま 사기, 가짜, 부정 □周旋 주선, 알선, 중개 =斡旋(あっせん) □一儲けする 한밑천 잡다 □どうでも 어떻게 해서든지, 무슨 수를 쓰든 □宿屋 여관, 여인숙 □腰をおろす 앉다 □相談 상담, 의논 □半ば 절반, 반 정도 □田舎じみる 촌스러워지다, 시골티가 나다 □ちょいと 조금, 약간 □思いつき 착상, 일시적인 생각

探訪記者(たんぼうきしゃ)を送(おく)りこんで事件の噂(うわさ)を煽(あお)りたてるような新聞社(しんぶんしゃ)の勢力(せいりょく)がとどかねえ土地だから、きっとうまくいくにちげえねえ。サミットの町なら、せいぜい、お巡(まわ)りか、まぬけな警察犬(けいさつけん)におれたちを追(お)いかけさせるか、さもなけりゃ「週刊農業(しゅうかんのうぎょう)」で一(いち)、二度(にど)こっぴどく非難攻撃(ひなんこうげき)するくらいのものだ、とおれたちには、ちゃんとわかっていたんだ。だから、こいつはうまい話だと思ったのさ。

おれたちはエブネザー・ドーセットという町の有力者(ゆうりょくしゃ)の一粒種(ひとつぶだね)に白羽(しらは)の矢(や)を立(た)てた。その子の父親(ちちおや)は、かなりの顔役(かおやく)だが、けちんぼうで、高利貸(こうりがし)もやっていた。教会(きょうかい)の献金(けんきん)だって、一文(いちもん)も出(だ)さないし、抵当(ていとう)はさっさと流(なが)しちまうという

□**探訪記者** 탐방기자 □**送りこむ** 사람이나 물건을 보내다, 보내어 도착하게 하다 □**煽り立てる** 선동하다, 부추기다 □**勢力** 세력 □**とどく** 도착하다 〈とどかねえ는 とどかない의 회화체〉 □**～にちげえねえ** ~임에 틀림없다 〈～にちがいない의 회화체〉 □**せいぜい** 기껏해야, 고작 〈=たかだか, 彼はせいぜい二十歳ぐらいだ 그는 기껏해야 스무 살 정도다〉 □**まぬけ** 멍청이, 얼간이 같은 짓을 함 □**さもなけりゃ** 그렇지 않으면 〈さもなければ의 회화체〉 □**こっぴどい** 따끔하다, 호되다 □**非難攻撃** 비난공격 □**有力者** 유력자 □**一粒種** 외동 =一人っ子 □**白羽の矢を立てる** 여러 사람 중에서 특별히 뽑아내다 □**顔役** 유력자, 보스 =ボス □**けちんぼう** 구두쇠 □**高利貸** 고리대금업(자) □**献金** 헌금 ■**～って** ~래 〈남의 말을 인용할 때 씀, 明日雨だって 내일 비가 온대〉 □**抵当を流す** 저당물의 소유권을 채권자에게 넘기다 □**さっさと** 냉큼, 척척, 재빠르게 □**～ちまう** ~해 버리다 〈～てしまう의 줄임말〉

男なんだ。せがれは十歳で、薄肉彫りみたいな雀斑があって、髪の毛は、汽車を待つ間に売店で買う雑誌の表紙みてえな色だった。あのエブネザーなら二千ドルきっかりの身代金をまちがいなく出すだろう、とビルとおれは考えたわけだ。まあ、待ちなよ、いま話すからさ。

サミットから二マイルばかりのところに、いちめんに杉の木の茂った小さな山があった。この山の裏手の小高いところに洞窟があった。そこに、おれたちは食糧をたくわえた。

ある夕方、日が沈んでから、おれたちは一頭立ての馬車を走らせてドーセットおやじの家の前を通った。せがれは道へ出ていて、向いの塀の上にいる子猫に石をぶっつけていた。

「やあ、坊や！」ビルが声をかけた。「キャンデーを買ってやるから馬車に乗らないか」

□**せがれ** (자기 아들을 일컫는 겸양어) 자식놈, 남의 아이나 어린 사람을 낮추어 부르는 말 □**薄肉彫り** 얕은돋을새김 □**雀斑** 주근깨 □**〜みてえな** ~같은 〈〜みたいな의 회화체〉 □**マイル** 마일 〈1마일은 1.6km임〉 □**いちめん** 전면, 온통 □**杉の木** 삼나무 □**茂る** 무성하다, 우거지다 □**裏手** 뒤편, 배후 □**小高い** 조금 높다 □**洞穴** 동굴 □**食糧** 식량 □**たくわえる** 저장하다, 비축하다 □**日が沈む** 해가 저물다 □**一頭立て** 말 한 마리가 끔 □**おやじ** 아버지 〈자신의 아버지를 가리킬 때 씀 ↔ おふくろ 어머니〉, 중년 이상의 남자를 친근하게 또는 얕보아 하는 말 □**塀** 담 □**ぶっつける** 부딪치다, 던지다, 던져 맞히다 〈ぶつける의 힘줌말〉 □**坊や** 꼬마야 〈남자아이를 부르는 말, や는 인명이나 사람을 나타내는 말에 붙어 친밀감을 나타냄〉 □**声をかける** 말을 걸다

子供は煉瓦のかけらを、ビルの、ちょうど目のところに命中させた。

「これであのおやじから、あと五百ドル余分にふんだくってやるぞ」

車輪に足をかけて馬車に乗りこみながらビルが言った。

男の子は、ウェルター級の黒熊みたいにあばれやがったが、とうとうおれたちは、そいつを馬車の底に押しこんで馬車を走らせた。洞窟までつれてくると、おれは杉の茂みのなかに馬をつないだ。暗くなってから、おれは、馬車を借りてきた三マイルさきの小さな村へ、そいつを返しに行き、歩いて山へ帰ってきた。

ビルは、顔じゅうの引掻き傷や打ち傷に絆創膏をはっているところだった。洞窟の入口の大きな岩のかげに、焚火が燃

□煉瓦 벽돌 □かけら 부서진 조각, 파편 □命中 명중 □余分に 덤으로, 더 □ふんだくる 낚아채다, 난폭하게 빼앗다 〈子供からお金をふんだくったことがある 어린 아이의 돈을 뺐어본 적이 있다〉 □～ぞ ~말이야 〈자기 생각을 강하게 주장함〉 □車輪 차 바퀴 〈여기서는 '마차 바퀴'를 말함〉 □足をかける 발을 걸다 □乗りこむ 올라타다 □ウェルター級 웰터급 □黒熊 흑곰 □あばれやがる 난폭하게 날뛰어 대다 〈やがる(동사 ます형에 붙어) ~해대다 · 잘도 ~하다, 何をしやがるんだ 무슨 짓을 하는 거야?〉 □とうとう 드디어, 결국 □そいつ 그녀석 □押しこむ 억지로 밀어 넣다 □つなぐ 연결하다 □引掻き傷 할퀸 상처 □打ち傷 타박상 □絆創膏をはる 반창고를 붙이다 ■～ているところだ (동사 て형에 붙어) ~하고 있는 참이다 〈今、焼(や)きそばを作っているところです 지금 볶음국수를 만들고 있는 참입니다〉 □岩のかげ 바위 뒤 □焚き火 장작불

えていて、子供は、赤毛(あかげ)の頭(あたま)に禿鷹(はげたか)の尾羽根(おばね)を二本(にほん)さし、ぐらぐら煮(に)えたぎるコーヒー・ポットを、じっとみつめていた。おれが近(ちか)づくと、小僧(こぞう)め、棒(ぼう)ぎれをつきつけて言いやがった。

「やい！この罰当(ばちあた)りの白人野郎(はくじんやろう)め。この大平原(だいへいげん)で泣(な)く子(こ)も黙(だま)る赤い酋長(レッド・チーフ)の陣地(じんち)へ、貴様(きさま)は挨拶(あいさつ)もせずに入(はい)ってくる気(き)か？」

「この小僧め、すっかり元気(げんき)になってしまいやがって」ズボンをまくりあげて向(むこ)う脛(ずね)の打ち傷を調べながらビルが言った。「インディアンごっこの相手(あいて)をさせられてるところなんだ。バファロー・ビルの芝居(しばい)だって、こいつにくらべりゃ、

□燃える 불타다 □禿鷹 대머리 독수리 □尾羽根 새의 꽁지깃 □さす 꽂다 □ぐらぐら 펄펄, 부글부글, 흔들흔들 □煮えたぎる 펄펄 끓어오르다 □小僧め 어린 녀석 〈めは 욕이나 경멸을 나타냄〉 □棒ぎれ 나무토막, 막대기 □つきつける 들이밀다, 내밀다 □言いやがる 떠들어대다 □罰当たり 벌을 받아 마땅함 또는 그런 사람 □野郎め 녀석, 자식 □大平原 대평원 □泣く子も黙る 우는 아이도 그친다 □陣地 진지 □貴様 너, 자네, 네 녀석 □まくりあげる 걷어 올리다, 감아 올리다 □向こう脛 정강이 □〜ごっこ ~놀이 〈おにごっこ 술래잡기〉 □バファロー・ビル 버펄로 빌 〈미국의 정찰병 겸 흥행사〉 □芝居 연극

町の公会堂(こうかいどう)でやる幻灯(げんとう)のパレスチナ風景(ふうけい)くらいにしか見えねえぜ。このおれは、罠(わな)で鳥(とり)や獣(けもの)をとる猟師(りょうし)のオールド・ハンクで、赤い酋長の捕虜(ほりょう)になって、明日(あした)の夜明(よあ)けにゃ頭の皮(かわ)をひんめくられるんだとよ。いやはや！この餓鬼(がき)に蹴(け)とばされてみろ、まったくいやんなるぜ」

まったくのところ、子供は、すっかり調子(ちょうし)づいているようだった。洞窟でキャンプをするのが楽(たの)しいものだから、自分(じぶん)が人質(ひとじち)になっていることなんぞ忘(わす)れちまっていたのだ。小僧は、すぐさまおれにスパイの『蛇の目(スネーク・アイ)』という名(な)をつけ、そのうち手下(てした)どもが戦(たたか)いから帰ってきたら、日(ひ)の出(で)とともにおれを火焙(ひあぶ)りにする、と宣告(せんこく)しやがった。

それから、おれたちは夕食(ゆうしょく)にかかった。小僧はベーコンやパンや肉汁(にくじゅう)を口(くち)いっぱい頬(ほお)ばって、しゃべり出した。その食事中(しょくじちゅう)の話ってのは、ざっとまあ、こんな具合(ぐあい)だ——

□**公会堂** 공회당 □**幻灯** 환등 □**罠** 덫 □**獣** 짐승 □**猟師** 사냥꾼 □**捕虜** 포로 □**夜明け** 새벽녘 □**ひんめくる** 홀라당 벗기다 〈ひん은 引き의 변한말로 동사 앞에 붙어 강조를 나타냄〉 □**餓鬼** 꼬마녀석, 개구쟁이 〈うるさいがき 귀찮게 구는 꼬마녀석〉 □**蹴とばす** 차내다, 걷어차다 □**まったくのところ** 완전히, 전적으로 〈まったく의 강조, まったくのところ、そのとおりです 정말 그렇습니다〉 □**調子づく** 기세가 오르다, 기운이 나다 □**人質** 인질 □**なんぞ** 따위 =なんて □**名をつける** 이름을 붙이다 □**手下** 수하, 부하 □**戦い** 전투, 싸움 □**日の出** 일출↔日の入(い)り 일몰 □**火焙り** 화형 □**宣告** 선고 □**肉汁** 고기국물, 육즙 □**頬ばる** 음식을 입에 가득 넣다 〈子供はパンを口いっぱいに頬ばって食べている 아이는 빵을 입안 가득 먹고 있다〉 □**しゃべり出す** 떠들어대다, 떠들기 시작하다 □**ざっと** 대강, 대충, 간략하게 □**具合** 형편, 사정, 상태

「おれ、こんなことが大好(だいす)きさ。だって、外(そと)でキャンプしたことないんだもの。だけど、ふくろネズミをつかまえて可愛がったことはあるよ。おれ、こないだの誕生日(たんじょうび)で九(ここの)つになったんだ。学校へ行くのなんか大嫌(だいきら)いさ。ネズミがね、ジミー・タルボットおばさんとこの鶏(にわとり)の卵(たまご)を十六(じゅうろく)も食べちゃったんだよ。この森(もり)のなかに、ほんもののインディアン、いるのかい？ 肉汁を、もっとくれないか。木(き)が動(うご)くから風(かぜ)が吹(ふ)くのかい？ うちには犬(いぬ)の子(こ)が五匹(ごひき)もいたことがあるんだぜ。ハンク、お前(まえ)の鼻(はな)は、どうしてそんなに赤いんだい？ うちの父(とう)さんは、金持(かねもち)だぜ。お星(ほし)さまは熱(あつ)いのかい？ おれ、土曜日(どようび)に、エド・ウォーカーを二度もひっぱたいてやったんだ。女の子って嫌いさ。お前たち、紐(ひも)を使(つか)わないとヒキガエルをつかまえられないだろう。牡牛(おうし)も鳴(な)くのかい？ オレンジは、どうしてまるいの？ この洞窟にはベッドはあるのかい？ エイモス・マリの足の指は六本(ろっぽん)あるんだぜ。オームはしゃべれるけれど、

□だって 하지만, 그렇지만 ■～もの (종지형에 붙어 불만, 응석, 호소 등을 나타냄) ~걸, ~말이야 〈だって嫌いなものは、嫌いんだもん 왜냐면 싫은 건 싫은걸〉 □ふくろネズミ 주머니쥐 □こないだ 요전, 일전 〈このあいだの 줄임말〉 □～かい ~니?, ~냐 〈친밀감을 갖고 물을 때 씀〉 □金持 부자 □ひっぱたく 세게 때리다, 세게 치다 □紐 끈 □ヒキガエル 두꺼비 □牡牛 황소 □オーム 앵무새 〈원래 オウム로 표기〉

猿(さる)や魚(さかな)はしゃべれないんだね。いくつといくつで十二(じゅうに)になるか知(し)ってるかい？」

数分(すうふん)ごとに、小僧は自分がよく気のつくインディアンだということを思いだしては、棒ぎれの銃(じゅう)をとりあげると、洞窟の入口へ忍(しの)びより、憎(にく)むべき白人の斥候(せっこう)はいないかと首(くび)をのばした。ときどき、インディアンのときの声(こえ)をあげては、罠師(わなし)のオールド・ハンクをふるえあがらせた。小僧は、のっけからビルの度肝(どぎも)を抜(ぬ)いてしまったんだ。

「赤い酋長(レッド・チーフ)」と、おれは小僧にたずねた。「家へ帰りたくはねえのか？」

「ふん、どうしてだい？」と小僧はぬかしゃがった。「うちなんか面白(おもしろ)くないや。おれ、学校へ行くのは大嫌いだもの。こうしてキャンプしてるほうが、ずっといいや。スネーク・アイ、お前、おれをうちへつれて帰るようなことはしないだろうね？」

□**思いだす** 기억해 내다, 생각이 나다　□**銃** 총　□**とりあげる** 집어 들다, (의견 등을) 채택하다　□**忍びよる** 살며시 다가가다　□**憎む** 미워하다, 증오하다　□**斥候** 척후 ; 적의 형편이나 지형 등을 정찰하고 탐색함　□**とき** 전투에서 사기를 돋우거나 전투 개시의 신호로 지르던 소리　□**罠師** 올가미 사냥꾼　□**ふるえあがる** 부들부들 떨다, 바짝 움츠러들다　□**のっけから** 처음부터 =始めから　□**度肝を抜く** 깜짝 놀라게 하다 〈彼の球(たま)の速さには度肝を抜かれた 그의 공의 빠름에는 깜짝 놀랐다〉　□**～だい** ~냐 〈친밀함을 담아 부드럽게 물을 때 씀〉　□**ぬかしゃがる** 떠들어대다 〈言う의 속된 표현인 ぬかす에 やがる가 붙은 형태의 회화체〉

「いますぐにはつれて行かないさ」と、おれは言った。「もうしばらく、この洞窟にいるんだ」

「いいとも」と小僧はいう。「そいつはすばらしいや。こんな面白いこと、生(うま)れてはじめてだ」

おれたちは十一時(じゅういちじ)ごろ寝た。幅(はば)の広(ひろ)い毛布(もうふ)や掛(か)け布(ふ)を何枚(なんまい)かひろげ、赤い酋長(レッド・チーフ)を真中(まんなか)にはさんで眠(ねむ)った。小僧が逃(に)げ出(だ)す気づかいはなかった。小僧はおれたちを三時間(さんじかん)も眠らせなかった。ぱっととび起(お)きると、例(れい)の銃に手をかけて、おれやビルの耳もとで、小僧は「しっ、兄弟(きょうだい)！」なんて金切(かなき)り声(ごえ)でどなるんだ。小枝(こえだ)がパチンと鳴(な)ったり木(こ)の葉(は)がガサガサ音を立てたような気がするたびに、小僧は子供っぽい想像(そうぞう)をかきたてられて、無法者(むほうもの)の一隊(いったい)がこっそりと忍びよってきたと思いこむんだ。そうして邪魔(じゃま)をされながらも、やっとのことで、おれが、うつらうつらすると、今度(こんど)は、おれのほうが赤

□毛布 모포 □掛け布 덮는 모포 □はさむ 끼우다 □逃げ出す 도망치다 □気づかい 염려, 배려 □とび起きる 벌떡 일어나다 □手をかける 손을 얹다 □耳もと 귓가 □金切り声 새된 소리, 쇳소리 □小枝 작은 나뭇가지 □パチン 탁, 딱, 짤깍 □木の葉 나뭇잎 □ガサガサ 부스럭부스럭 □想像 상상 □かきたてる 자극하다, 불러일으키다 □無法者 무법자 □こっそり 몰래, 살짝 □~ながらも (동사 ます형에 붙어 역접을 나타냄) ~하면서도 □やっとのことで 겨우, 어렵사리, 가까스로 □うつらうつら(と) 꾸벅꾸벅, 깜박깜박

毛の獰猛(どうもう)な海賊(かいぞく)に誘拐されて木にしばりつけられる夢(ゆめ)を見る始末(しまつ)だ。

ちょうど夜明けごろ、ビルが、つづけざまに、ものすごい悲鳴(ひめい)をあげたので、目をさました*。それは、わめき声(ごえ)でも叫(さけ)び声(ごえ)でも吼(ほ)え声(ごえ)でもなく、どなり声(ごえ)でも、金切り声でもなく、およそ男の発声器官(はっせいきかん)から出るとは想像もできないような声だった——ただもう、女が幽霊(ゆうれい)や毛虫(けむし)を見たときにしぼり出すような、なんともみっともない、おびえた、あさましい悲鳴だった。夜明けに洞窟のなかで、屈強(くっきょう)な、向(む)こう見(み)ずの、肥(ふと)った男が、ひっきりなしに悲鳴をあげるのを聞(き)かされるくらい気味(きみ)のわるいことはねえぜ。

□獰猛 모질고 사나움 □海賊 해적 □しばりつける 붙들어 메다, 속박하다 □始末 (나쁜) 결과, 형편 〈こんな始末になってすみません 이런 결과가 되어 버려서 죄송합니다〉 □つづけざまに 계속해서, 연달아 □ものすごい 매우 무섭다, 굉장하다 □悲鳴をあげる 비명을 올리다 □目をさます 눈을 뜨다, □わめき声 고함소리 □叫び声 비명소리 □吼え声 울부짖는 소리 □およそ 대략, 대강, 도무지, 전혀 □発声器官 발성기관 □幽霊 유령 □毛虫 모충 ; 몸에 털이 있는 벌레를 통틀어 이르는 말 □しぼり出す (액체, 생각 등을) 짜내다 □みっともない 꼴사납다, 꼴불견이다 □おびえる 무서워서 벌벌 떨다, 가위 눌리다 □あさましい 한심스럽다, 볼꼴 사납다 □屈強 힘이 세고 다부짐 □向う見ず 무턱대고, 무모한 =無鉄砲(むてっぽう) □ひっきりなしに 쉴 새 없이, 끊임없이

* 目가 들어간 여러 숙어들 目が覚(さ)める 잠에서 깨다, 눈을 뜨다 | 目が高い 안목이 높다 | 目がない 열중하다, 안목이 없다 | 目にさわる 눈에 거슬리다 | 目に立つ 눈에 띄다 | 目を奪(うば)う 넋을 빼앗다 | 目をくらます 남의 눈을 속이다 | 目をそらす 외면하다, 시선을 돌리다 | 目をひく 눈길을 끌다 | 目と鼻の間(あいだ) 엎드리면 코 닿을 데

なにごとが起(おこ)ったのかと、おれは飛(と)び起きて見た。赤い酋長がビルの胸(むね)に馬乗(うまの)りになって、一方(いっぽう)の手にビルの髪の毛を巻(ま)きつけているんだ。小僧のもう一方の手にはベーコンを切(き)るのに使う鋭(するど)いナイフが握(にぎ)られていた。前の晩(ばん)に宣告した通(とお)り、ビルの頭の皮を本気(ほんき)でひんめくろうとしているのだ。

おれは小僧の手からナイフをひったくって、もう一度寝かしつけた。しかし、そのことがあってからというもの、ビルは、すっかり元気がなくなってしまった。寝床(ねどこ)のもとの場所(ばしょ)へ横(よこ)にはなったものの、小僧がそばにいるかぎり、もう二度と目をつぶって眠ろうとはしなかった。おれは、しばらくうとうとしたが、明(あ)け方近(がたちか)くなると、赤い酋長が日の出とともにおれを火焙りにすると言っていたのを思い出した。べつに、びくびくしたり、怖(こわ)がったりしたわけじゃないが、ともかく、おれは起きあがって、パイプに火をつけ、岩にもたれた。

□馬乗り 말타기 □巻きつける 휘감다 □～通り ~대로 □本気 본심, 진심 □ひったくる 낚아채다, 잡아채다 □寝かしつける (어떻게든) 잠들게 하다, 재우다 □～てからというもの ~라고 해서 그런지 □寝床 침상 ■～ものの ~(하기는) 했지만 〈引き受けはしたものの、どうしたらいいのか分からなかった 맡기는 하였으나, 어떻게 하면 좋을지 몰랐다〉 ■～かぎり (동사 기본형 · ている 형에 붙어)~하는 한 〈生きているかぎり感謝の気持ちは忘れません 살아 있는 한 감사의 마음은 잊지 않겠습니다〉 □目をつぶる 눈을 감다 □うとうとする 꾸벅꾸벅 졸다 □明け方 새벽녘 ↔暮れ方(くれがた) 해질녘 □びくびくする (벌벌, 흠칫흠칫, 오들오들) 떨다 ■～わけではない (동사 · い형용사의 보통형, な형용사な에 붙어) ~인 것은 아니다 〈鈴木さんだけが悪いと言っているわけではありません 스즈키 씨만이 나쁘다고 말하는 것은 아닙니다〉 □ともかく 어쨌든 간에, 여하튼 ＝とにかく □起きあがる 일어나다

「サム、なんでそんなに早(はや)く起きるんだ？」とビルがきいた。

「おれかい？」と、おれは返事(へんじ)した。「なに、肩(かた)のところがちょいと痛(いた)いんだ。起きて坐(すわ)ってりゃ楽(らく)になるかと思ってね」

「嘘(うそ)つけ！」とビルが言った。「おめえ、おっかねえんだろう。日の出とともに火焙りにされると言われたもんだから、ほんとにやられやしないかと、おっかながっているんだろう。まったく、この小僧、マッチを見つけりゃ、やりかねねえからな。ひでえことになったもんだな、サム。こんな腕白(わんぱく)小僧をつれもどすのに金(かね)を出す奴(やつ)がいると思うかね？」

「そりゃ、いるとも」と、おれは答(こた)えた。「こういう腕白小僧にかぎって、人一倍(ひといちばい)、親(おや)は可愛いものなんだ。さあ、おめえも酋長も起きて朝(あさ)めしの支度(したく)をしてくれ。そのあいだに、おれは、この山のてっぺんに登(のぼ)って偵察(ていさつ)してくる」

□おっかない 무섭다, 불안하다 ■~かねない (동사 ます형에 붙어) ~할 법도 하다, ~할 지도 모른다 〈=かもしれない, 風邪だからといってほうっておくと、大きい病気になりかねない 감기라고 해서 그냥 내버려두면 큰 병이 되기 쉽다〉 □ひでえ 심하다, 참혹하다, 지독하다 〈ひどい의 회화체〉 □腕白 장난꾸러기, 개구쟁이 □つれもどす 가 버린 사람을 데리고 돌아오다 ■~にかぎって (명사에 붙어) ~에 한해서, ~만은 〈うちの子にかぎってそんな事はしません 우리 애는 그런 짓 안 합니다〉 □人一倍 남보다 한 배 □朝めし 아침밥 □支度 준비 □てっぺん 꼭대기, 정수리 □偵察する 정찰하다

おれは、その小さな山の頂上にのぼって、視野(しや)のきくかぎり、あたり一帯(いったい)を見わたした。サミットの町のほうには、草刈(くさか)り鎌(がま)や熊手(くまで)で武装(ぶそう)した屈強な村の農民(のうみん)たちが、卑劣(ひれつ)な誘拐犯人(はんにん)を追(お)って、付近(ふきん)を捜(さが)しまわっているのが見えるだろうと思っていた。ところが、見えたのは、男がひとり焦茶色(こげちゃいろ)の騾馬(らば)を使って畑(はたけ)を耕(たがや)しているのどかな景色(けしき)だけだった。小川(おがわ)の底を浚(さら)っているものもいなかったし、気も狂(くる)わんばかりの両親(りょうしん)のもとへ、何の手がかりもないという知らせをもって駆(か)けこんで行く急使(きゅうし)のすがたも見えなかった。おれの目の前にひろがるアラバマの目に見える表面(ひょうめん)のその部分(ぶぶん)には、ひっそりとした、ものうい眠気(ねむけ)がひろがっているだけだった。「どうやら」と、おれは心のなかで思った。「狼(おおかみ)どもが囲(かこ)いのなかか

□一帯 일대 □見わたす 멀리까지 널리 바라보다, 내다보다 □草刈り鎌 풀 베는 낫 □熊手 갈퀴 □武装 무장 □付近 부근, 근처 □捜しまわる 찾아 돌아다니다 □焦茶色 짙은 밤색, 암갈색 □騾馬 노새 □耕す 경작하다, 일구다 □のどか 마음이 편하고 한가로움 □小川 작은 시내, 실개천 □浚う 긁어내다, 파내다 □気が狂う 미치다 ■～んばかり (동사 ない형에 붙어) 막 ~할 듯한, 금방이라도 ~할 듯한 〈泣かんばかりに頼むので、しかたなく引き受けた 금방 울 듯이 부탁해서 어쩔 수 없이 받아들였다〉 □手がかり 수단, 단서 □駆けこむ 뛰어들다 □急使 급한 용무로 보내는 사람, 급한 심부름 □ものうい 어쩐지 나른하고 마음이 내키지 않다 □眠気 졸음 □狼 이리, 승냥이 □囲い 둘러쌈, 울타리

ら、かわいい子羊(こひつじ)をさらって行ったのを、まだ気がつかずにいるらしい。神(かみ)よ、狼どもにめぐみを垂(た)れたまえ！」そう言って、朝めしを食(く)いに山をおりた。

洞窟へ戻(もど)ってみると、ビルは穴(あな)の壁(かべ)に押(お)しつけられてハアハア息(いき)をはずませていた。小僧は椰子(やし)の実の半分(はんぶん)ほどもある大きな石をビルに叩(たた)きつけようと身構(みがま)えていた。

「この小僧め、真赤(まっか)に煮えているジャガイモをおれの背中(せなか)へ投げこみやがったんだ」とビルが説明(せつめい)した。「おまけに足でそいつをふみつぶしやがるんだ。おれは横っ面(よこつら)を張りとばしてやったよ。おめえ、鉄砲(てっぽう)をもっているか、サム？」

□さらう 유괴하다, 날치기하다 □めぐみを垂れる 은혜를 내리다 〈～たまえは たまう(주시다, 내리시다)의 명령형으로 동사 ます형에 붙음〉 □押しつける 밀어붙이다, 내리누르다, 일 등을 떠맡기다 □息をはずませる 숨을 헐떡거리다 □椰子の実 야자 열매 □叩きつける 세게 내리치다, 내던지다 □身構える 자세를 취하다 □投げこむ 던지다, 던져 넣다 □ふみつぶす 밟아 뭉개다, 쳐부수다 □横っ面 뺨, 옆얼굴 □張りとばす 손바닥으로 호되게 치다, 후려치다 □鉄砲 대포나 소총 등을 통틀어 이르는 말

おれは小僧の手から石をもぎとって、どうにかこの場をおさめた。「いまに見てろ」と小僧はビルに毒ついた。「赤い酋長をぶんなぐったりした奴は、仕返しを受けずにはすまないんだからな。おぼえてろ」

朝めしを食べてしまうと、小僧はポケットから紐をまきつけた一枚の革を取り出して、その紐をほどきながら洞窟の外へ出て行った。

「こんどは何をやらかすつもりだろう？」と、心配そうにビルが言った。「あいつ、まさか逃げやしねえだろうな、え、サム？」

「そんな気づかいはねえさ」と、おれは言った。「あまり家を恋しがるたちじゃねえらしいからな。それにしても、身代

□もぎとる 비틀어 떼다, 잡아뽑다 □おさめる 가라앉히다, 진정시키다 □毒つく 당사자에게 심한 험담이나 욕을 하다 □ぶんなぐる 후려갈기다 □仕返し 보복, 앙갚음 ■~ずにはすまない (동사 ない형에 붙어) ~하지 않고서는 견딜 수 없다 〈今回、先生に大変お世話になったから、一言(ひとこと)お礼を言わずにはすまないですね 이번에 선생님께 매우 신세를 졌기 때문에 한 마디 인사를 하지 않고서는 있을 수 없네요〉 □取り出す 꺼내다, 집어 내다 □ほどく 풀다 □やらかす 저지르다 ■~つもり (동사 기본형에 붙어) ~할 작정, ~할 셈 〈週末にはどこへも行かないつもりです 주말에는 아무 데도 가지 않을 작정입니다〉 □恋しがる 그리워하다 □たち 체질, 성질

金のほうの計画を立てなくちゃいけねえ。小僧がいなくなったことについて、サミットの町じゃ、あまり騒いでる気配はねえぜ。おそらく、小僧がいなくなったことを、まだ感づいちゃいねえんだろう。家族の連中は、小僧が昨夜はジェーンおばさんのとこか近所の家へでも泊ったくらいに思ってるんだろう。ともかく今日じゅうには、いなくなったことに気がづくだろう。今夜、小僧とひきかえに二千ドルよこせと親父に手紙を出さなくちゃならねえ」

ちょうどそのとき、ダビデが闘士ゴリアテを殴り倒したときに発した喚声を思わせるような叫び声がきこえた。赤い酋長がポケットからひっぱり出したのは石投げ器だった。そいつを小僧は頭の上でぶんぶんふりまわしているのだ。

□**計画を立てる** 계획을 세우다 ■**～について** (명사에 붙어) ~에 대하여 〈関西弁(かんさいべん)について研究したいです 관서 방언에 대해 연구하고 싶습니다〉 □**気配** 기미, 낌새 □**おそらく** 아마, 필시 □**感づく** 눈치채다, 알아채다 □**泊る** 묵다 □**ひきかえる** 바꾸다, 교환하다 □**よこす** (이쪽으로) 보내오다, 건네다 〈彼女は日本に帰ってすぐお礼のメールをよこしてくれた 그녀는 일본으로 돌아가서 곧 감사의 메일을 보내왔다〉 □**闘士** 투사 □**殴り倒す** 때려 눕히다 □**喚声** 환성 □**石投げ器** 장난감 고무총 □**ふりまわす** 휘두르다, 남용하다, (남을) 멋대로 다루다 〈もうこれ以上上司にはふりまわされたくないですよ 이제 더 이상 상사한테 휘둘리고 싶지 않아요〉

おれは身をかわしたが、どすんと重(おも)たい音がして、ビルが、鞍(くら)を外(はず)すときに馬が出すような一種(いっしゅ)の溜息(ためいき)みたいなものを吐(は)くのがきこえた。黒(くろ)ん坊(ぼう)の頭みたいな鶏卵大(けいらんだい)の石が、ビルの左耳(ひだりみみ)のうしろに命中したのだ。ビルは完全(かんぜん)にのびてしまい、皿(さら)を洗(あら)う湯(ゆ)を沸(わ)かしていたフライパンにおっかぶさるようにして火のなかへ倒れこんだ。おれはビルを引きずり出し、半時間(はんじかん)ものあいだ、冷(つめ)たい水(みず)を頭からぶっかけてやった。

ほどなくビルは起きあがった。そして耳のうしろにさわってみながら言った。「サム、聖書(せいしょ)のなかでおれが好(す)きな人物(じんぶつ)は誰(だれ)だか知ってるか？」

「まあ、落ちつけよ」と、おれは言った。「すぐによくなるからな」

□身をかわす 몸을 돌려 비키다　□どすんと 쿵 하고　□重たい 묵직하다　□鞍を外す 안장을 벗기다　□溜息 한숨　□吐く 뱉다, 토하다　□黒ん坊 흑인　□鶏卵大 달걀 크기　□のびる 녹초가 되다, 뻗다　□沸かす 끓이다, 데우다　□おっかぶさる 뒤덮이다　□倒れこむ 쓰러지다　□引きずり出す 억지로 끌어내다　□ぶっかける 세차게 끼얹다, 마구 뿌리다 〈暑いので頭から水をぶっかけた 더워서 머리에서부터 물을 마구 끼얹었다〉　□ほどなく 이윽고, 머지않아　□聖書 성서

「ヘロデ王(おう)だ」と彼は言った。「おい、サム、おれをここにおいてけぼりにして行っちまうようなことはしねえだろうな？」

おれは外へ出て、小僧をつかまえ、奴のそばかすが、がたがた鳴るまで、こづきまわしてやった。

「おとなしくしねえと」と、おれは言った。「まっすぐ家へ帰しちまうぞ。さあ、どうだ、おとなしくするか、しねえか？」

「おれ、ちょっとふざけてみただけだよ」と、小僧は頬(ほ)っぺたをふくらまして言った。「オールド・ハンクに怪我(けが)させるつもりはなかったんだ。だけど、なぜあいつは、おれをなぐったりしたんだい？ ねえ、スネーク・アイ、おれを家へ送り帰さないんなら、おとなしくするよ。それから、今日、黒衣団(ブラック・スカウト)ごっこをさせてくれるんならね」

□おいてけぼり 남겨 두고 가 버림, 따돌림 □がたがた 덜걱덜걱, 와들와들 □こづきまわす 들볶다, 괴롭히다 □おとなしい 얌전하다 □ふざける 장난치다, 깔보다 □頬っぺた 볼, 뺨 □ふくらます 부풀게 하다, 부풀리다 □なぐる 때리다, 치다 □送り帰す 되돌려보내다

「そんな遊び、おれは知らねえ」と、おれは言った。「おめえとビルおじさんとでやんな。今日は、あのおじさんと遊ぶんだ。おれは仕事(しごと)で、ちょいと出かけてくるからな。さあ、なかへはいって、おじさんと仲直(なかなお)りしな。怪我をさせてごめんなさいってあやまるんだ。さもないと、たったいま家へ帰しちまうぞ」

おれは小僧とビルを握手(あくしゅ)させ、それからビルをわきへつれて行って、この洞窟から三マイルほど離(はな)れたポプラ・グローブという小さな村へ行って、誘拐事件がサミットでどんなふうに受けとられているか、できるだけ調べてくる、と話した。それに、今日じゅうにドーセット親父に身代金を要求(ようきゅう)し、その支払方法(しはらいほうほう)を指示(しじ)した有無(うむ)を言わさぬ手紙を送るのが上策(じょうさく)だと考えていた。

□仲直りする 화해하다 □あやまる 사과하다 □さもないと 그렇지 않으면 〈=さもなければ, 早く行け、さもないと汽車に乗りおくれるぞ 빨리 가, 그렇지 않으면 기차를 놓치겠어〉 □わき 옆, 곁, 딴 곳 □受けとる 납득하다, 이해하다, 담당하다 〈悪く受け取らないでほしい 나쁘게 해석하지 않기 바란다〉 □要求 요구 □指示 지시 □有無を言わさぬ 불문곡직하고, 덮어놓고, 억지로 =有無を言わせず □上策 상책

「なあ、サム」とビルはいう。「いままでおれは地震(じしん)だって、火事(かじ)だって、洪水(こうずい)だって、ばくちだって、ダイナマイトの爆発(ばくはつ)だって、警察(さつ)の手入(てい)れだって、列車強盗(れっしゃごうとう)だって、台風(たいふう)だって、どんなときでも、まばたき一(ひと)つせずにおめえを助(たす)けてきた。あの二本足(にほんあし)の打ち上(あ)げ花火(はなび)みたいな小僧を引っさらってくるまで、おれは、いっぺんだって、びくついたことなんぞなかった。だが、あいつにゃ、まいったよ。サム、あんまり長(なが)いこと、おれをあいつと二人きりにしておかねえでくれよな」

「昼(ひる)すぎには戻ってくるよ」と、おれは言った。「おれが戻るまで、あの小僧を遊ばせて、おとなしくさせとくんだぜ。さあ、ドーセット親父に手紙を書こう」

□地震 지진 □洪水 홍수 □ばくち 도박, 노름 □爆発 폭발 □さつ 범법자들이 경찰을 지칭할 때 쓰는 은어 □手入れ 손질, (경찰의) 단속 □強盗 강도 □まばたき 깜빡임 □打ち上げ花火 공중으로 쏘아올리는 불꽃(놀이) □引っさらう 잡아 채다, 낚아 채다 □いっぺん 한 번, 1회 □びくつく 흠칫거리다, 겁을 먹다 〈どんな相手(あいて)でもびくつくとこはない 어떤 상대라도 겁낼 것은 없다〉 □まいる 지다, 항복하다

ビルとおれは紙(かみ)と鉛筆(えんぴつ)をとりだして手紙を書きはじめたが、そのあいだ赤い酋長は毛布を身体(からだ)にまきつけ、洞窟の入口を行ったりきたりしながら見張り番(みはりばん)をしていた。ビルは身代金を二千ドルではなく千五百(せんごひゃく)ドルにしようと、泣かんばかりに、おれに頼(たの)んだ。「親(おや)の愛情(あいじょう)という誰でも知っている道徳現象(どうとくげんしょう)にけちをつけるつもりは毛頭(もうとう)ねえが」と奴はいうのだ。「なにしろ相手は人間(にんげん)なんだし、あんな、そばかすだらけの山猫(やまねこ)みてえな四十(よんじゅっ)ポンドのかたまりで、二千ドルふんだくるというのは、どう考えても人間的(にんげんてき)じゃねえ。おれは千五百ドルでやってみてえんだ。差額(さがく)は、おれの負担(ふたん)にしてもいいからさ」

そこで、ビルを安心(あんしん)させるために、おれは承知(しょうち)した。そして、つぎのような手紙を二人がかりででっちあげた。

□**行ったり来たり** 왔다갔다 □**見張り番** 보초 □**道徳現象** 도덕현상 □**けちをつける** 트집을 잡다 □**毛頭** (뒤에 부정 표현이 와서) 조금도, 전혀 〈=少しも, 売る気は毛頭ありません 팔 마음은 전혀 없습니다〉 □**なにしろ** 여하튼, 어쨌든 □**～だらけ** ~투성이 〈どろだらけ 흙투성이〉 □**ポンド** 파운드 〈1파운드는 0.453kg임〉 □**かたまり** 덩어리 □**差額** 차액 □**負担** 부담 □**承知する** 승낙하다, 들어주다 □**～がかり** (인원수나 일수에 붙어 어떤 일을 하는데 그 만큼의 숫자가 필요함을 나타냄) ~명이, ~일 걸려 □**でっちあげる** 꾸며 내다, 날조하다

エブネザー・ドーセット殿(どの)

われわれは貴下(きか)の令息(れいそく)をサミットから遠(とお)く離れたある場所にかくまっている。貴下にせよ、あるいは最(もっと)も腕(うで)ききの探偵(たんてい)にせよ、令息を発見(はっけん)しようと努(つと)められても、それは無益(むえき)である。令息をとりもどすことのできる唯一(ゆいいつ)の条件(じょうけん)は以下(いか)のごとくである。——われわれは令息の返還(へんかん)に高額紙幣(こうがくしへい)で千五百ドルを要求する。この金額(きんがく)は、今夜(こんや)半(はん)、貴下の返信(へんしん)と同一(どういつ)の地点(ちてん)、同一の箱(はこ)——これは後(のち)に記(しる)す——に入(い)れておくこと。この条件を承諾(しょうだく)されるならば、今夜八時半に、その返事を文書(ぶんしょ)にして、ただ一名(いちめい)の使者(ししゃ)によって届(とど)けてもらいたい。ポプラ・グローブに通(つう)ずる街道(かいどう)のアウル・クリークを渡(わた)ると、右側(みぎがわ)の麦畑(むぎばたけ)の柵(さく)の近くに約百(やくひゃく)ヤード間隔(かんかく)に三本の大木(たいぼく)がある。その三番目(さんばんめ)

□~殿 (남의 이름, 직명 등에 붙어) ~님 〈현재는 사무적이나 공식적인 것에 쓰이며 손윗사람에게는 쓰지 않음〉 □令息 (남의 아들에 대한 높임말) 아드님 □かくまう 은닉하다, 숨겨두다 ■~にせよ~にせよ ~이든 ~이든 〈成功するにせよ失敗するにせよ責任は負(お)えません 실패하든 성공하든 책임은 못 집니다〉 □腕きき 솜씨가 뛰어남, 수완가 □探偵 탐정 □努める 노력하다 □とりもどす 되찾다, 회복하다 □唯一 유일 □返還 반환 □紙幣 지폐 □今夜半 한밤중 □返信 회신, 답신 □記す 적다, 기록하다 □承諾 승낙 □届ける 보내다, 전하다, 신고하다 □街道 가도, 간선도로 □柵 울타리 □間隔 간격 □大木 거목

の木の向かい側の柵の杭の根もとに、小さなボール箱があるはずである。

使いの者は、この箱のなかへ返信を入れて、ただちにサミットへ引返すこと。

もし貴下が、裏切りを企てたり、または上記の要求に応じない場合は、貴下は二度と令息を見ることはないであろう。

もし要求通りの金額を支払われる場合は、令息は三時間以内に、安全に貴下のもとに帰されるであろう。これらの条件は最後的なものであり、万一これに応じない場合は、以後の連絡は一切なされないものと承知されたい。

二人の生命知らずより

□**杭** 말뚝 □**ボール箱** 짚을 원료로 한 두꺼운 종이로 만든 상자, 판지상자 ■**～はずだ** (동사 · い형용사의 보통형, な형용사な, 명사の에 붙어) (틀림없이) ~일 터이다 〈そんなに気にしなくても大丈夫なはずですよ 그렇게 걱정하지 않아도 틀림없이 괜찮을 거예요〉 □**ただちに** 즉시, 곧장 □**引返す** 되돌아가다, 반복하다 □**～こと** ~(할) 것 □**裏切り** 배신, 배반 □**企てる** 기도하다, 계획하다, 꾀하다 =たくらむ(보통 나쁜 의미로 쓰임) □**万一** 만일 □**一切** (뒤에 부정 표현이 와서) 일절, 전혀 〈=全然・まったく, 酒は一切飲まない 술은 일체 마시지 않는다〉 □**いのち知らず** 죽음을 겁내지 않음 또는 그런 사람

おれはこの手紙にドーセットの宛名(あてな)を書いてポケットに入れた。出かけようとすると、小僧がそばへ寄(よ)ってきて、こんなことをいうんだ。

「おい、スネーク・アイ、お前が留守(るす)のあいだ黒衣団ごっこをしてもいいと言ったね」

「もちろん、いいとも」と、おれは言った。「ビルおじさんが相手をしてくれるよ。だけど、いったいそれはどんな遊びなんだい？」

「おれがブラック・スカウトになるんだ」と赤い酋長は言った。「インディアンが襲撃(しゅうげき)してくることを知らせるために、開拓村(かいたくむら)の防衛柵(ぼうえいさく)まで、おれは馬を飛(と)ばさなくちゃならないんだ。おれ、インディアンごっこは、もうあきちゃった。ブラック・スカウトになりたいんだ」

「よし、わかった」と、おれは言った。「それなら大(たい)して害(がい)もなさそうだ。その手ごわい野蛮人(やばんじん)どもの裏(うら)をかく作戦(さくせん)についちゃ、ビルおじさんが手をかしてくれるだろうよ」

□宛名 (우편물 · 서류 등에 쓰는) 상대방의 이름 또는 주소　□留守 부재중 □襲撃する 습격하다 □開拓村 개척마을　□防衛柵 방위책　□あきる 질리다　□大して〜ない 별로(그다지) ~않다 〈=それほど, 大してひどい病気ではない 그다지 심한 병은 아니다〉 □手ごわい 버겁다, 만만치 않다 □野蛮人 야만인　□裏をかく 의표를 찌르다　□手をかす 손을 빌려 주다

「おれは何をやるんだって？」と、うさんくさそうに小僧を見ながらビルがたずねた。

「お前は馬だよ」とブラック・スカウトが言った。「手と膝(ひざ)をついて四(よ)つんばいになるんだ。馬がいなくちゃ防衛柵まで走って行けないじゃないか」

「計画のめどがつくまでは、小僧を楽しませておいたほうがいいぞ」と、おれは言った。「まあ、気を楽にしてやるんだな」

ビルは四つんばいになった。彼は罠にかかった兎(うさぎ)みたいな目をしていた。

「防衛柵まで、どれくらいあるんだい、小僧？」と、しゃがれ声でビルはたずねた。

「九十マイルだ」とブラック・スカウトは言った。「うんと馬力(ばりき)をかけないと間(ま)に合(あ)わないぞ。さあ、走るんだ」

ブラック・スカウトはビルの背中に飛び乗って、彼の脇腹(わきばら)を踵(かかと)で蹴(け)りつけた。

□うさんくさい 수상하다, 미심쩍다 □膝をつく 무릎을 꿇다 □四つんばいになる 엎드리다 = よつばい □めどがつく 실현되거나 해결될 전망이 서다 〈景気(けいき)回復(かいふく)のめどがつく 경기회복의 전망이 보이다〉 □気を楽にする 마음을 편안하게 하다 □しゃがれ声 쉰 목소리 □うんと 정도가 심한 모양, 힘을 쓰는 모양 □馬力をかける 정력적으로 일하다, 더욱 힘을 내다 □飛び乗る 뛰어올라타다 □脇腹 옆구리 □踵 발꿈치 □蹴りつける 차다

「後生だから」とビルは言った。「できるだけ早く戻ってきてくれよ、サム。身代金を千ドル以上にしなけりゃよかったな。おい、蹴るのはやめろよ。やめないと、起きあがって思いきりぶんなぐるぞ」

おれは歩いてポプラ・グローブまで行き、郵便局をかねた雑貨屋にすわりこんで、商売でそこへやってくる村の田吾作どもとおしゃべりをしていた。一人の髭っ面の男が、エブネザー・ドーセット旦那の息子さんが迷子になったか誘拐されたかして、サミットの町は、えらい騒ぎだそうだ、と言った。知りたかったのは、そのことなのだから、おれは煙草を買い、さりげなく豌豆の値段をきいたりして、手紙をこっそりポストに入れてそこを出た。郵便局長は、一時間もすればサミット行きの郵便をとりに集配人がくるだろう、と言っていた。

□**後生だから** 제발 〈=お願いだから, こうせいは 후배 · 후진, ごしょうは 제발 · 내세〉 □**かねる** 겸하다 □**雑貨屋** 잡화점 □**すわりこむ** 눌러앉다, 농성하다 □**田吾作** 농사꾼, 시골뜨기 □**髭っ面** 수염을 기른 얼굴 □**旦那** 어르신, 나리, 손님 □**迷子** 미아 □**えらい** 훌륭하다, 위대하다, 지독하다, 뜻밖이다 〈=ひどい, えらい目にあう 호되게 당하다〉 □**さりげない** 아무 일도 없는 듯하다 □**豌豆** 완두콩

洞窟へ戻ってみると、ビルと小僧の姿が見えなかった。おれは、洞窟の付近をさがし、一、二度、危険をおかしてヨーデルを叫んでみたが、何の答えもなかった。

そこでパイプに火をつけ、苔だらけの土手に腰をおろして、成りゆきを待った。

半時間ばかりすると、灌木を、がさがさ鳴らして、ビルが洞窟の前の小さな空き地へ、よろよろと出てきた。うしろから、小僧が、顔じゅうくしゃくしゃにして笑いながら、斥候みたいに足音を忍ばせて歩いてきた。ビルは立ちどまると、帽子をぬぎ、赤いハンカチで顔をぬぐった。小僧はビルの八フィートうしろで立ちどまった。

□危険をおかす 위험을 무릅쓰다 □苔 이끼 □土手 제방, 둑 □成りゆき 일이 되어가는 형편(과정), 경과 또는 결과 〈今後の成りゆきを見守(みまも)ってみましょう 앞으로의 추세를 지켜보도록 합시다〉 □灌木 관목, 작은 나무 □空き地 빈터, 공터 □よろよろ 비틀비틀 □くしゃくしゃ 쭈글쭈글, 뒤죽박죽 〈=ごちゃごちゃ, くしゃくしゃの髪の毛 흐트러진 머리카락〉 □足音を忍ばせる 발소리를 죽이다 □ぬぐう 닦다 □フィート 피트 〈1피트 30.48cm임〉

「サム」とビルは言った。「おめえは、おれを裏切者(うらぎりもの)だと思うかもしれねえが、どうにもしょうがなかったんだ。おれだって一人前(いちにんまえ)の男だ。男としての意地ももっている。他人(たにん)に踏(ふ)んづけられて黙(だま)ってすっこんでいるたちじゃねえが、しかし人間、意地も張りもなくなるときがあるもんだ。小僧は、行っちまったぜ。おれが家へ帰しちまったんだ。これで、なにもかもご破算(はさん)さ」ビルは言葉をつづけた。「昔(むかし)の殉教者(じゅんきょうしゃ)のなかには、自分が手に入れた特別の儲けをあきらめるくらいなら死(し)んだほうがましだなんて奴がいたけど、そいつらだって、おれが受けたような超自然的(ちょうしぜんてき)な責苦(せめく)にあわされたことはねえだろうて。おれだって、あの略奪品(りゃくだつひん)には、できるだけ忠実(ちゅうじつ)になろうとしたんだが、ものには限度(げんど)ってものがあるからな」

□どうにも 정말로 □しょうがない 어쩔 수가 없다, 할 수 없다 □意地 의지, 오기, 고집, 기개 □踏んづける 짓밟히다 □黙る 입을 다물다, 항의를 하지 않다 □すっこむ 물러서다, 꺼지다 □張り 의욕, 생기, 활기 □ご破算 일을 백지 상태로 되돌림 □殉教者 순교자 □儲け 내기 □責苦にあう 심한 고통을 당하다 □〜て ~라니까, ~구먼 〈가벼운 감동이나 자기 주장을 나타냄〉 □略奪品 약탈품 □忠実 충실 □限度 한도

「どんな目にあったんだい、ビル？」と、おれはきいてみた。

「おれは一インチも残(のこ)さず防衛柵まできっかり九十(きゅうじゅう)マイル、馬になって走って行ったんだ」とビルは言った。「それから開(かい)拓者(たくしゃ)たちが無事(ぶじ)救(すく)い出されると、燕麦(からすむぎ)を食(く)わされた。しかも、それの代用品(だいようひん)が砂(すな)ときては、とても食えたもんじゃねえ。それから一時間というもの、おれは小僧に、なぜ穴のなかはがらんどうなのかとか、どうして道は左右(さゆう)にのびているのかとか、どういうわけで草(くさ)は緑色(みどりいろ)なのかとか、いちいち説明しなくちゃならなかった。なあ、サム、人間なら、我慢(がまん)もそのへんでもうぎりぎりだろうじゃねえか。おれは奴の襟首(えりくび)をひっつかんで、山から引きずりおろしてやった。

□インチ 인치 〈1인치는 2.54cm임〉 □きっかり 정확히 ＝きっちり □救い出す 구해내다 □燕麦 귀리 ▦～たものではない (가능을 나타내는 동사에 붙어) ~할 수 있는 것이 아니다 〈これはそう簡単に作れたものではありません 이것은 그렇게 간단히 만들 수 있는 것이 아닙니다〉 □とても (뒤에 부정 표현이 와서) 도저히 ~않다 〈＝とうてい～ない, 一人ではとても食べきれない 혼자서는 도저히 다 먹을 수 없다〉 □がらんどう 속이 텅 비어있음, 휑함 □そのへん 그 정도, 그쯤 □襟首 목덜미 ＝くびすじ, うなじ □ひっつかむ 제차게 쥐다, 틀어쥐다 □引きずりおろす 억지로 끌어내리다

その途中(とちゅう)だって、小僧は、おれのすねを蹴とばしゃがった。おかげで膝から下はあざだらけになっちまうし、親指(おやゆび)と手は二度も三度(さんど)も噛(か)みつかれて、しびれあがっちまった。

「だが、小僧はもういねえ」——とビルはつづけた——「家へ帰っちまった。おれはサミットの町へ行く道を教(おし)えてから、一蹴(ひとけ)りくらわして八フィートばかり町のほうへ近づけてやったよ。身代金をふいにしたのは残念(ざんねん)だが、そうでもしないことにゃ、このビル・ドリスコルは気ちがい病院(びょういん)行きさ」

ビルは、ふうふうはあはあ喘(あえ)いでいたが、いまは、ばら色に上気(じょうき)したその顔には、言いようのない安堵(あんど)と次第(しだい)につのる満足(まんぞく)の色があった。

「ビル」と、おれは言った。「おめえの血統(けっとう)にゃ心臓病(しんぞうびょう)はねえだろな、え？」

□**蹴とばしゃがる** 마구 걷어차다　□**あざ** 멍　□**親指** 엄지손가락　□**噛みつく** 물고 늘어지다　□**しびれあがる** 지릿거리며 부풀어오르다　□**一蹴り** 한 번 걷어참　□**くらわす** 먹이다, 때리다〈食(く)わす의 속된말〉　□**ふいにする** 몽땅 날리다, 허사가 되다〈財産(ざいさん)をふいにする 재산을 몽땅 날리다〉　□**気ちがい** 미친 사람　□**喘ぐ** 헐떡이다, 괴로워하다〈喘ぎながら山を登って行った 숨을 헐떡거리면서 산을 올라갔다〉　□**上気する** 상기하다　□**安堵** 안도, 안심　□**次第に** 점차, 차차　□**つのる** 더해지다, 모으다　□**血統** 혈통

「ねえさ」とビルは答えた。「マラリヤと事故をのぞけば、持病はねえよ。なぜだい？」

「そんなら、まわれ右して」と、おれは言った。「うしろを見てみな」

ビルは、ふりむいて小僧を見つけると、顔色をかえて地べたにどしんと尻もちをつき、そこらの草や小枝を、やたらと引きむしりはじめた。一時間ばかり、おれは奴の気が変になったんじゃないかと心配した。それから、おれは例の計画をさっそく実行に移し、ドーセット親父がこちらの申し出に応じたら、身代金をにぎって、夜半までにはずらかるつもりだとビルに言った。ビルも、ようやく元気をとりもどして、小僧に弱々しい微笑を投げ、もうすこし気分がよくなったら日露戦争ごっこをしてロシア兵になってやると約束した。

□マラリア 말라리아 □のぞく 제외하다 □持病 지병 □ふりむく 뒤돌아보다, 회고하다 □地べた 땅바닥 □尻もちをつく 엉덩방아를 찧다 □やたらと 함부로, 무턱대고, 마구 □引きむしりはじめる 세게 잡아뽑기 시작하다 □実行に移す 실행으로 옮기다 □申し出 요청, 신청 □にぎる 쥐다 □ずらかる (도둑들의 은어로) 뺑소니치다, 튀다 〈彼は人のお金を貸して外国にずらかった 그는 남의 돈을 빌려 국외로 튀었다〉 □弱々しい 연약하다, 갸냘프다 □微笑 미소

おれは、計画の裏をかかれてとっつかまる危険をおかすことなく身代金を手に入れるという、本職(ほんしょく)の誘拐屋(ゆうかいや)だってびっくりするような計画をもっていた。返書(へんしょ)が——そのあとでは金が——根もとにおかれることになっている木は、道端(みちばた)の柵のそばに生(は)えているが、そのあたり四方(しほう)は、なにもない広々(ひろびろ)とした原(はら)っぱだった。だから、警官(けいかん)の一隊(いったい)が手紙をとりにくる人間を見張(みは)っているとすれば、野原(のはら)を横(よこ)ぎってきても、道路を通ってきても、容易(ようい)に遠くから見通(みとお)せるはずだ。だが、誰がその手に乗るものか。八時半には、早くもおれは、その木の上に雨蛙(あまがえる)みたいにうまく身をひそめて、使いの者がやってくるのを待っていたというわけだ。

□ とっつかまる 붙잡히다, 붙들리다 〈捕(つか)まるの 힘줌말로, とっ은 접두어임〉 □本職 본직업 □道端 길가, 도로변 □生える 자라다, 나다 □原っぱ 들, 들판 □野原 들판 □横ぎる 가로지르다 □容易 용이(함), 쉬움 □見通す 조망하다, 간파하다, 예측하다 □手に乗る 속아 넘어가다 〈その手には乗らない 그 수에는 속지 않는다〉 ■ ～ものか (동사 기본형에 붙어) ~할 소냐, ~하지 않을 것이다 〈お前の言うこと、聞くもんか 너가 하는 말 듣지 않을거야〉 □雨蛙 청개구리 □身をひそめる 몸을 숨기다 □やってくる 다가오다, 찾아오다

時間きっかりに、半分大人(おとな)になりかけたような少年(しょうねん)が、自転車(じてんしゃ)に乗って道をやってきて、柵の杭の根もとにボール箱を見つけると、たたんだ紙片(しへん)をそのなかに放(ほう)りこみ、サミットのほうへペダルを踏んで帰って行った。

おれは一時間ほど待ってから、もう大丈夫だと判断(はんだん)した。木からすべりおりて、手紙を取り出し、柵にそって、こっそり森までたどりつき、それから三十分(さんじゅっぷん)ほど時間をかけて洞窟へもどった。手紙を開(ひら)くと、カンテラのそばへもって行ってビルに読んできかせた、ペン書(が)きの、読みにくい筆蹟(ひっせき)で、内容(ないよう)は、かいつまんでいうと、つぎのようなものであった——

■ ~かける (동사 ます형에 붙어) ~하기 시작하다, 막 ~하려고 하다 〈川でおぼれかけた子犬を救い出した 강에서 물에 빠진 강아지를 구해냈다〉 □たたむ 접다, 개다 □紙片 종잇조각 □放りこむ 던져 넣다, 집어 넣다 □判断 판단 □すべりおりる 미끄러져 내려오다 ■ ~にそって ~을 따라 〈点線にそって折り目(おりめ)をつけてください 점선을 따라 금을 접어 주세요〉 □たどりつく 겨우 도착하다 □カンテラ 휴대용 석유등 □筆蹟 필적 □かいつまむ (요점만) 간추리다

二人の生命知らず殿

拝復(はいふく)、本日(ほんじつ)の郵便にて、愚息(ぐそく)の返還(へんかん)に対(たい)してご要求の身代金に関(かん)する貴下の手紙、まさに落手(らくしゅ)いたしました。貴下の要求は少々(しょうしょう)高額過(す)ぎるかと存(ぞん)じますので、ここに逆提案(ぎゃくていあん)をいたします。たぶん受諾(じゅだく)していただけるものと信(しん)じます。貴下がジョニーを拙宅(せったく)へつれ帰り、現金(げんきん)にて二百五十(にひゃくごじゅう)ドルお支払いくださるならば、本人(ほんにん)をお手もとから引きとることに同意(どうい)いたします。ご来訪(らいほう)は夜分(やぶん)のほうがよろしいかと存じます。と申(もう)すのは、近隣(きんりん)の人(ひと)たちは、すでに愚息は行方不明(ゆくえふめい)になったものと信じており、愚息をつれ戻す人を見かける際(さい)には、その人に、いかなることをなすか、当方(とうほう)としては責任(せきにん)を負(お)いかねるからであります。

敬白(けいはく)

エブネザー　ドーセット

□拝復 배복 ; 절하여 회답함 〈편지 답장 첫머리에 쓰는 의례적인 말 ＝拝啓(はいけい) 배계〉 □本日 오늘, 금일 □～にて ~로 〈수단 · 방법을 나타냄〉 ■～に関する (명사에 붙어) ~에 관하다 〈このおもちゃの安全性に関してお聞きしたいですが 이 장난감의 안전성에 관해 여쭙고 싶습니다만〉 □愚息 우식, 아들놈 〈자기 아들의 겸양어〉 □まさに 정말로, 실로 □落手 (편지나 물품 등을) 받음, 입수함 □存じる 알다 〈知るの 겸양어〉 □逆提案 역제안 □受諾 수락 □拙宅 누사, 누옥 〈자기 집의 겸양어〉 □引きとる 인수하다, 떠맡다 □来訪 내방 □夜分 한밤중 □申す 아뢰다 □近隣 이웃 ＝となり, 近所 □行方不明 행방불명 ■～際に(は) (동사 보통형, 명사の에 붙어) ~(할) 때에는 〈お引越しの際にはご連絡ください 이사하실 때에는 연락 주십시오〉 □いかなる 어떤, 어떠한 〈＝どんな, いかなる理由があろうとも許せない 어떠한 이유가 있다한들 용서할 수 없다〉 □なす 이루다, 달성하다 □当方 우리 쪽, 이쪽 □責任を負う 책임을 지다 ■～かねる (동사 ます형에 붙어) ~(하)기 어렵다, 힘들다 〈彼の意見には賛成しかねます 그의 의견에는 찬성하기 어렵습니다〉 □敬白 경백 ; 공경하여 사룀 〈편지 끝에 쓰는 인사말〉

「大悪党(だいあくとう)め！」と、おれは言った。「いけしゃあしゃあと、こんなことをぬかしゃがって——」

だが、ビルのほうをちらと見て、おれはためらった。唖(おし)か表情(ひょうじょう)の豊(ゆた)かな動物(どうぶつ)にしか見られぬような世(よ)にも情(なさ)けない目つきをしていたからだ。

「サム」と彼は言った。「結局、二百五十ドルがどうだというんだ。そのくらいの金なら、おれたちだってもってるじゃねえか。この小僧と、もう一晩(ひとばん)いっしょにすごしたら、おれは、まちがいなく気ちがい病院行きだぜ。ドーセットさんというのは、立派(りっぱ)な紳士(しんし)であるばかりか、こんな寛大(かんだい)な要求しかしねえところをみると、すごくおおようなご仁(じん)じゃねえか。おめえ、このチャンスを逃(のが)すつもりじゃねえだろうな？」

□悪党め 악당놈 □いけしゃあしゃあと 유들유들하게, 뻔뻔하게 □ちらと見る 슬쩍 보다 □ためらう 주저하다, 망설이다 □唖 벙어리 □世にも 참으로, 몹시 □情けない 한심스럽다, 처량하다, 몰인정하다 □目つき 눈매, 눈초리 □一晩 하룻밤 □紳士 신사 ■～ばかりか ~뿐만 아니라 〈この図書館は小説ばかりかまんがまでそろっています 이 도서관은 소설뿐만 아니라 만화까지 구비되어 있습니다〉 □寛大 관대 □おおよう(大様) 대범함, 유연하고 의젓함 〈もっと大様に考えたら？ 좀 더 대범하게 생각하면 어때?〉 □仁 분 〈人의 높임말〉 □チャンスを逃す 찬스를 놓치다

「じつをいうと」と、おれは言った。「このわけのわからねえ小僧にゃ、おれも少々まいってるんだ。こいつを家へつれ帰り、身代金を払(はら)って、ずらかるとしようぜ」

その晩、おれたちは子供を家へつれ帰った。お前のお父さんが銀(ぎん)の飾(かざ)りのついた鉄砲と鹿皮(しかがわ)の靴(くつ)を一足(いっそく)買ってくれた、そして明日はみんなで熊狩(くまが)りに行くんだ、と言いきかせて、やっとつれて行ったんだ。

エブネザーの家の玄関のドアを叩いたのは、ちょうど十二時だった。はじめの計画では木の根もとの箱から千五百ドルを頂戴(ちょうだい)しているはずのちょうどその時刻(じこく)に、ビルはドーセットの手に二百五十ドルを渡していたというわけだ。

小僧は、おれたちが奴を家に残して行ってしまいそうだと感づくと、蒸気(じょうき)オルガンみてえにわめき立て、蛭(ひる)みてえに

□鹿皮 사슴가죽 □熊狩り 곰 사냥 □言いきかせる 타이르다, 설득하다 □頂戴する 받다 · 얻다의 겸양어 〈結構なものを頂戴しました 좋은 것을 받았습니다〉 □蒸気 증기 □わめき立てる 아우성쳐대다 □蛭 거머리

ビルの脚(あし)にしがみついてしまった。親父は絆創膏(ばんそうこう)をひんめくるように、小僧をビルからゆっくりと引きはがした。

「どのくらいのあいだ、この子をつかまえていられますかね？」とビルがたずねた。

「わしも、もう以前ほど強くないが」とドーセット親父は言った。「まあ十分間くらいは請(う)け合(あ)えるだろうな」

「結構(けっこう)です」とビルは言った。「十分あれば、中部(ちゅうぶ)や南部(なんぶ)や中西部(ちゅうせいぶ)の州(しゅう)を越(こ)えてカナダ国境(こっきょう)めざしてスタコラ走ってることでしょう」

そして、真暗闇(まっくらやみ)のなかだったが、おまけにビルはふとっちょで、走ることにかけちゃ、おれとどっこいどっこいなんだが、おれが追いつくまでに、サミットの町から、たっぷり一マイル半は離れていやがったよ。

(The Ransom of Red Chief)

□引きはがす 뜯다, 벗기다 □まあ 그럭저럭, 그런대로 〈=まずまず, まあ、やりくりは付いているらしい 그럭저럭 변통은 되고 있는 모양이다〉 □つかまえる 잡다, 붙잡다, 꽉잡다 □請け合う 보증하다, 책임지고 맡다 □めざす 목표로 하다, 노리다, 겨누다 □スタコラ 부리나케, 황급히 〈すたこらと逃(に)げました 부리나케 달아났습니다〉 □真暗闇 깜깜한 암흑 □ふとっちょ (놀림조의) 뚱뚱보 =でぶ □~にかけちゃ ~에 대해서는 〈~にかけては의 회화체〉 □どっこいどっこい 엇비슷함 〈どっこいどっこいの実力(じつりょく) 엇비슷한 실력〉

二十年後

パトロールの警官が、大通りを尊大ぶって歩いていった。尊大なのは習慣的なもので、みせびらかすためではなかった。というのは、それを見ている人がいたわけではないからである。時間は、まだやっと夜の十時前後であったが、雨をまじえて吹いてくる冷たい風のために、道行く人の姿は、ほとんど絶えていた。

□**パトロール** 방범 □**大通り** 큰길 □**尊大ぶる** 거드름 피우다 〈~ぶる(い형용사 · な형용사의 어간, 명사에 붙어) ~인 체하다, 偉ぶる 잘난 체하다〉 □**みせびらかす** 과시하다, 자랑스럽게 남에게 보이다 □**まじえる** 섞다 〈=まぜる, イラストをまじえて分かりやすくまとめました 일러스트를 섞어 알기 쉽게 정리했습니다〉 □**絶える** 끊어지다

がっしりした体格(たいかく)の、すこしばかり肩(かた)をゆすって歩(ある)くこの警官は、いろいろ細(こま)かな動(うご)きをつけながら巧(たく)みに警棒(けいぼう)をくるくるまわしたり、家々(いえいえ)の戸(と)じまりを調(しら)べたり、ときには静(しず)まりかえった通(とお)りに警戒(けいかい)の目を投(な)げたりしていた。その姿は、いかにも平和(へいわ)の守護者(しゅごしゃ)そのものであった。この付近(ふきん)は朝(あさ)も早(はや)いが夜も早い地域(ちいき)であった。ときたま煙草屋(たばこや)や終夜営業(しゅうやえいぎょう)の食堂(しょくどう)の灯(あか)りが見(み)えることもあるが、大部分(だいぶぶん)はオフィスの戸口(とぐち)で、もうとっくに閉(し)まっていた。

ある通りの中(なか)ほどまでくると、警官は急(きゅう)に歩調(ほちょう)をゆるめた。あかりの消(き)えた一軒(いっけん)の金物屋(かなものや)の入口(いりぐち)に、火(ひ)のついていない葉巻(はまき)をくわえた一人の男(おとこ)がよりかかっていたのである。警官が近(ちか)づいて行くと、その男は、あわてて話(はな)しかけてきた。

□がっしり 튼튼하고 다부진 모양, 튼튼하게, 다부지게 □体格 체격 □ゆする 흔들다 □巧みに 교묘하게, 능란하게 □戸じまり 문단속 □静まりかえる 아주 조용해지다 □警戒 경계 □目を投げる 눈길을 주다 □いかにも 정말로, 매우, 과연 〈いかにもうそらしいうそですね 정말로 거짓말 같은 거짓말이네요〉 □守護者 수호자 □地域 지역 □ときたま 가끔씩, 때때로 ＝ときどき, たまに □煙草屋 담배가게 □終夜 철야, 밤새껏 〈寒くて終夜眠れなかった 추워서 밤새도록 잘 수가 없었다〉 □営業 영업 □灯り 불빛 □戸口 입구 □とっくに 훨씬 전에, 오래 전에 □～ほど ~쯤, ~정도 □歩調 보조 □ゆるめる 느슨하게 하다, 늦추다 □消える 사라지다, 꺼지다 □～軒 집 등 건물을 셀 때 쓰는 조수사 〈一軒屋 외딴집, 단독주택〉 □金物屋 철물가게 □葉巻 잎궐련 ＝シガー □くわえる 입에 물다 □よりかかる 기대다, 의지하다 □話しかける 말을 걸다

「なんでもないですよ、お巡りさん」安心させるように彼は言った。「友達を待っているだけなんです。二十年前の約束でしてね。というと、ちっとばかり変にきこえるでしょうな。つくりごとでないと確めたいのなら、お話ししてもいいんです。ずいぶん前のことになりますが、いまこの店が建っているところにはレストランがあったんです——ビッグ・ジョウのブラディ・レストランという店がね」

「それなら五年前まではあったよ」警官は言った。「それから、とりこわされてしまったんだ」

入口にいた男はマッチをすって葉巻に火をつけた。その明りで、あごの角張った青白い顔と、するどい目と、右の眉の近くに小さな切り傷のあとが見えた。ネクタイピンは妙に変ったやりかたではめこまれた大きなダイヤモンドであった。

「二十年前の今夜」と男は言った。「あっしはジミー・ウェルズと、ここのビッグ・ジョウのブラディで一緒にめしを食

□ちっと 조금, 약간 =ちょっと, ちと　□つくりごと 꾸며낸 일, 거짓말　□確かめる 확인하다　□とりこわす 헐다, 무너뜨리다　□マッチをする 성냥을 긋다　□あご 턱　□角張る 각지다, 모나다, 〈角張った岩 모난 바위〉　□するどい 날카롭다　□切り傷 창상, 베인 상처　□あと 흔적　□変わった 특이한, 색다른　□はめこむ 끼워 넣다, 박아 넣다　□あっし 나, 저 〈남성어로 주로 상인이나 장인들이 많이 씀〉　□仲よし 사이가 좋음

ったんです。ジミーはあっしの一番(いちばん)の仲(なか)よしで世界(せかい)じゅうで一番いい奴(やつ)でしたよ。ジミーとあっしはこのニューヨークで、まるで兄弟(きょうだい)のようにして育(そだ)ったんです。あっしが十八(じゅうはち)で、ジミーは二十(はたち)でした。その翌朝(よくあさ)、あっしは一財産(ひとざいさん)つくるために西部(せいぶ)へ出(で)かけることになっていたんです。ジミーをニューヨークから引(ひ)っぱり出(だ)すなんてことは、とてもできるもんじゃありません。奴は、ここだけが人間(にんげん)の住(す)むところだと考えていたんですからね。それで、あっしたちは、その晩(ばん)、約束したんですよ。たとえどんな境遇(きょうぐう)になっていようと、また、どんなに遠(とお)くからこなければならないにしろ、かっきり二十年後のこの日のこの時間に、ここで再会(さいかい)しよう、ってね。二十年もたてば、どういう人間になっているかわからないが、あっしたちの運命(うんめい)もきまっていることだろうし、財産もできているだろうと思(おも)ったわけでしてね」

□まるで~のようだ 마치 ~와 같다 〈まるで夢のような話 마치 꿈 같은 이야기〉 □一財産 한 재산 ■~ことになっている ~하기로 되어 있다 〈사회나 주위에서 정한 규칙이나 습관 등에 사용하며, 자신의 습관을 나타낼 때에는 ~ことにしている(~하기로 하고 있다)를 씀〉 □翌朝 다음날 아침 ■たとえ~ても(~とも) 설령 ~라해도 〈たとえそれが本当だとしてもやはり君が悪いじゃないか 설령 그게 정말이라고 해도 역시 자네가 나쁘지 않은가?〉 □境遇 경우 ■どんなに~ても 아무리 ~해도 〈どんなに急いでも3時間はかかりますよ 아무리 서둘러도 3시간은 걸려요〉 ■~にしろ (동사・い형용사의 보통형, 명사(である)에 붙어) ~라 하더라도, ~인들, ~도 〈冗談まじりで言ったにしろ、自分の発言には責任を持ちなさい 농담으로 말했다 하더라도 자신의 발언에는 책임을 가지세요〉 □たつ(経つ) (시간 등이) 경과하다

「なかなか面白(おもしろ)い話だな」警官は言った。「しかし、再会までの期間(きかん)が、かなり長(なが)いようだ。きみが西部へ出かけてから、その友達から便(たよ)りはあったのかね？」

「ありましたよ。しばらくのあいだは手紙(てがみ)のやりとりをしていたんです」と相手(あいて)は言った。「ところが、一(いち)、二年(にねん)たつうちに、たがいに音信不通(おんしんふつう)になってしまったんです。なにしろ、西部ってのは、ばかでかい代物(しろもの)でしてね。それにあっしは、いそがしくあちこち飛(と)びまわっていましたからね。しかし、もし生(い)きてさえいるなら、ジミーは、あっしに会(あ)いに、きっとここへやってくるはずです。奴は、いつだって嘘(うそ)をつかない、すごく義理(ぎり)の固(かた)い男ですからね。あいつが約束を忘(わす)れるはずはありませんよ。あっしは今夜この戸口に立(た)つために、一千(いっせん)マイルも遠いところからやってきたんですが、昔(むかし)なじみのあいつがきてくれさえすれば、それだけの値打(ねう)ちがあ

□便り 알림, 소식, 편지 〈便りの無いのは良い便り 무소식이 희소식〉 □しばらくのあいだ 잠시 동안, 오랫동안 □やりとり 주고받음 ■~うちに (동사 기본형 · ている 형, 명사の에 붙어) ~(하는) 사이에, ~동안에 〈時間が経つうちにだんだん痛みが増してきた 시간이 지날수록 점점 고통이 커져 왔다〉 □たがいに 서로 □音信不通 소식불통 □ばかでかい 엄청나게 크다 □代物 물건, 상품 □飛びまわる 날아 돌아다니다 □嘘をつく 거짓말하다 □義理が固い 의리가 두텁다 □昔なじみ 옛 친구 〈10年ぶりの同窓会(どうそうかい)で昔なじみに会った 10년 만의 동창회에서 옛 친구를 만났다〉 □値打ち 값, 값어치 ＝値段(ねだん), 価値(かち)

るというもんですよ」

待っている男は立派(りっぱ)な懐中時計(かいちゅうどけい)をとり出した。その蓋(ふた)には小粒(こつぶ)のダイヤモンドがちりばめてあった。

「十時三分前(じゅうじさんぷんまえ)か」と男は言った。「あっしたちが、このレストランの入口で別(わか)れたのが、かっきり十時だったんです」

「西部では、うまくやっていたのかい？」警官がきいた。

「もちろんでさ！……ジミーが、あっしの半分(はんぶん)でも、うまくやっていてくれるといいんですがね。あいつは、いい奴にはちがいないんだが、こつこつと手堅(てがた)くやる男なんでね。あっしは、他人(ひと)の財産までかっぱらうような油断(ゆだん)もすきもない連中(れんちゅう)と張(は)り合(あ)ってこなけりゃならなかったんです。ニューヨークじゃ人間が型(かた)にはまった生活(せいかつ)をしているだけですがね。人間を、かみそりの刃(は)のように鋭(するど)くするには西部にかぎりますよ」

□懐中時計 회중시계 □蓋 뚜껑 □小粒 작은 알맹이 □ちりばめる 여기저기 박다, 끼워 넣어 꾸미다 □かっきり 정확히 〈2時かっきりに会おう 2시 정각에 만나자〉 □こつこつと 꾸준하게, 부지런히 □手堅い 빈틈없다, 견실하다 □かっぱらう 날치기하다 〈かきはらう의 변한말〉 □油断もすきもない 조금도 빈틈이 없다, 조금도 방심할 수 없다 □張り合う 겨루다, 경쟁하다 □型にはまる 틀에 박히다 □かみそり 면도기 □刃 칼날 ■～にかぎる (동사 기본형, 명사에 붙어) ~이 제일이다, 더할 나위 없다, 그만이다 〈健康のためには歩くにかぎる 건강을 위해서는 걷는 게 제일이다〉

警官は警棒をくるくるとまわして二、三歩あるき出した。

「さあ、わしはもう行くよ。きみの友達が、まちがいなくきてくれるといいがね。約束の時間までしか待ってやらないのかね？」

「いや、そんなことはありませんよ」と相手は言った。「すくなくとも三十分くらいは待ってやりますよ。ジミーが、どこかで生きていさえすりゃ、それまでにはくるでしょうからね。さよなら、お巡りさん」

「おやすみ」と言って警官は、道々(みちみち)戸じまりを調(しら)べながら、巡回区域(じゅんかいくいき)を歩いて行った。

いまは細(ほそ)く冷(つめ)たい霧雨(きりさめ)が降(ふ)り、ときたま気(き)まぐれに吹いていた風が、たえ間(ま)なく吹きつけるようになっていた。そのあたりを歩いている、わずかばかりの通行人(つうこうにん)は、外套(がいとう)の襟(えり)を立て、ポケットに手をつっこんで、陰気(いんき)に口(くち)をつぐんだまま、急(いそ)

□**そんなことない** 그렇지 않다 □**道々** 길을 가면서, 가는 도중에 〈=みちすがら, 道々彼女はそのことばかり話していた 길을 가면서 그녀는 그 얘기만 했다〉 □**巡回区域** 순회구역 □**霧雨** 이슬비 〈春雨(はるさめ)봄비, 小雨(こさめ) 가랑비 ↔ 大雨(おおあめ) 큰비〉 □**気まぐれ** 변덕 〈気まぐれな彼女に振り回されっぱなしです 변덕스러운 그녀에게 휘둘리기만 합니다〉 □**たえ間ない** 끊임없다 □**吹きつける** (바람 등이) 세차게 불어 닥치다 □**わずか** 조금, 약간, 사소함 □**通行人** 통행인 □**外套** 외투 □**襟** 옷깃, 깃 □**陰気** 침울(함), 음울(함) 〈陰気な顔をしている 침울한 얼굴을 하고 있다〉 ↔ 陽気(ようき) 명랑함, 밝고 쾌활함 □**口をつぐむ** 입을 다물다

ぎ足に歩いて行った。そして、金物屋の入口では、青年時代の一友人との、ばかばかしいほど当てにならない約束を果すために、一千マイルも遠いところからやってきた男が、葉巻をふかしながら待っていた。

それから二十分ほど彼は待っていた。するとそのとき、長いオーバーの襟を耳のところまで立てた一人の背の高い男が、通りの向う側から急ぎ足で渡ってきた。彼は、待っている男のところへ、まっすぐに近づいてきた。

「ボッブか？」と彼は疑わしげに声をかけた。

「ジミー・ウェルズか？」入口にいた男は叫んだ。

「こいつは驚いた！」いまきた男が、相手の両手を握って叫んだ。「たしかにボッブだ。お前が生きてさえいれば、きっとここへきていると確信していたんだ。よかった、よかった

□急ぎ足 빠른 걸음, 급한 발걸음　□ばかばかしい 시시하다, 어처구니없다, 터무니없다　□当てにならない 믿을 수 없다. 힘이 되지 못하다　□約束を果たす 약속을 지키다 =約束を守る　□葉巻をふかす 잎궐련을 피우다　□疑わしげに 의심스러운 듯이, 수상쩍은 듯이　□叫ぶ 외치다, 소리치다　□握る 쥐다, 잡다

——二十年といやあ長い年月だからな。例のレストランはなくなってしまったぜ、ボッブ。あれがまだ残っていればよかったんだがね。そうすりゃ、またいっしょに食事ができたのに。ところで、西部はどうだったい？」

「すばらしいぞ、ほしいものは、なんでも手に入るんだからね。それにしても、お前はずいぶん変っちゃったな、ジミー。お前がおれより、二、三インチも背が高いなんて夢にも思わなかったぜ」

「おれは二十すぎてから、すこしばかり背が伸びたんだ」

「ニューヨークでは、うまくやってんのか、ジミー？」

「まあまあというところさ。市役所のある課に勤めているんだ。さあ、行こう、ボッブ。おれの知ってるところへ行って、昔のことでもゆっくり話そうじゃないか」

□それにしても 그건 그렇더라도, 그건 그렇고 〈それにしても寒いな 그런 그렇고 날씨가 춥군〉 □背が伸びる 키가 자라다

二人の男は腕を組んで通りへ出た。西部からきた男は、成功によってうぬぼれがふくれあがり、自分のそれまでの身の上話のあらましを語りはじめた。相手の男は外套にすっぽりくるまって興味ぶかげに聞いていた。

街角に、電灯が明るく輝いている一軒のドラッグ・ストアがあった。その明るい光のなかに入ると、たがいに相手を見ようと、二人は同時に相手の顔を見た。

西部からきた男は、急に立ちどまると、組んでいた腕をふりほどいた。

「お前はジミー・ウェルズじゃねえ」彼は叩きつけるように言った。「二十年は長い年月だが、人間の鼻を鷲鼻から獅子っ鼻に変えてしまうほど長くはねえはずだ」

□腕を組む 팔짱을 끼다 □うぬぼれ 자부심, 자만심 □ふくれあがる 부풀어오르다 □身の上話 신상 이야기 □あらまし 개요, 줄거리 □語りはじめる 이야기하기 시작하다 □すっぽり 푹, 쑥 〈足まですっぽり入る服 발까지 푹 들어가는 옷〉 □興味深げに 흥미진진한 듯이 □街角 길모퉁이, 길거리 □電灯 전등 □腕をふりほどく 팔짱을 흔들어 풀다 ↔ 腕を組む 팔짱을 끼다 □叩きつける 세게 내리치다, 내동댕이치다 □鷲鼻 메부리코 □獅子っ鼻 납작코

Drug.
Drug Co

「ときには善人を悪人に変えることもあるがね」背の高い男は言った。「お前はもう十分前から逮捕されているんだぞ、シルキー・ボッブ(訳注：シルキーはボッブのあだ名で、絹のようにひとあたりがいいという意味)。シカゴ警察では、お前がこっち方面へ立ちまわったかもしれないと考えて、お前にご用があるからと電報をよこしたんだ。おとなしくくるだろうな？ そうか、そんならいい。ところで署に行く前に、お前に渡してくれと頼まれた手紙があるんだ。この窓のところで読んでみるがいい。パトロール係りのウェルズ巡査からだ」

西部からきた男は手渡された小さな紙きれを開いた。彼の手は、読みはじめたときはしっかりしていたが、読み終ったときには、すこしふるえていた。その手紙は非常に短いものだった。

□善人 선인, 착한 사람 □逮捕 체포 □立ちまわる 여기저기 돌아다니다, 바쁘게 돌아다니다 □よこす(寄越す) 보내오다, 건네다 〈彼女は旅行先から手紙をよこしてくれた 그녀는 여행지에서 편지를 보내주었다〉 □巡査 순사, 순경 =ポリス・お巡(まわ)りさん □手渡す 손수 건네다, 직접 전하다 □紙きれ 종잇조각 =紙片(かみへん) □しっかり 단단히, 확실히, 심신이 건전한 모양 □ふるえる 떨다 □非常に 매우

ボッブよ、おれは時間通(どお)り約束の場所(ばしょ)にいた。お前が葉巻に火をつけようとしてマッチをすったとき、おれはその顔がシカゴでお尋(たず)ね者(もの)になっている男の顔であることを知った。いずれにしても、おれは自分でお前をつかまえることはできなかった。そこで、ひとまず署へもどって、その仕事(しごと)を私服刑事(しふくけいじ)に頼んだのだ。

ジミーより

(After Twenty Years)

□お尋ね者 용의자 □いずれにしても 결국, 어차피 〈=いずれにせよ・どうせ, 彼が辞(や)めるのがいいのかどうかはわからないが、いずれにしてもこのまま放(ほう)っておくわけにはいかない 그가 그만두는 게 좋을지 나쁠지는 모르겠지만, 어쨌든 이대로 놔둘 수는 없는 노릇이다〉 □ひとまず 일단, 우선 □刑事 형사

千(せん)ドル

「……千ドルです」弁護士(べんごし)のトルマンは厳粛(げんしゅく)、荘重(そうちょう)にくりかえした。「これがそのお金(かね)です」

ジリアン青年(せいねん)は、真新(まあたら)しい五十(ごじゅう)ドル紙幣(しへい)の薄(うす)い束(たば)をいじくりながら、しんからうれしそうな笑(わら)い声(ごえ)を立(た)てた。

「こいつは、まったくもって始末(しまつ)のわるい額(がく)ですよ」彼(かれ)

□**弁護士** 변호사 □**厳粛** 엄숙(함) □**荘重** 장중(함) □**くりかえす** 반복하다, 되풀이하다 □**真新しい** 아주 새롭다 □**紙幣** 지폐 □**束** 다발, 묶음 □**いじくる** 만지작거리다 〈=いじる, 車をもっともっといじりたい 자동차를 좀 더 손대고 싶어〉 □**しんから** 진심으로 =まことに □**笑い声を立てる** 웃음소리를 내다 □**まったくもって** 정말이지 〈まったく의 힘줌말〉 □**額** 액수, 금액

は、おだやかに弁護士に向(むか)って説明(せつめい)した。「これが一万(いちまん)ドルなら、景気(けいき)よく大見得(おおみえ)切(き)って散財(さんざい)し、大(おお)いにぼくの株(かぶ)を上(あ)げることができるかもしれませんがね。五十ドルだって、それほど厄介(やっかい)ではないでしょう」

「あなたは叔父上(おじうえ)の遺言(ゆいごん)が読(よ)みあげられるのをお聞(き)きになったわけですが」トルマン弁護士は職業的(しょくぎょうてき)な乾(かわ)いた口調(くちょう)でつづけた。「その詳細(しょうさい)について細心(さいしん)の注意(ちゅうい)を払(はら)われたかどうか。ここで一つだけ、ご注意を促(うなが)しておきたいことがあります。あなたは、この千ドルのかたをつけたら、早速(さっそく)、その使途(しと)について、私どもに報告しなければならんことになっております。遺言は、それを条件(じょうけん)にあげているのです。私は、あなたがそこまで亡(な)くなられたジリアン氏(し)のご希望(きぼう)に応(おう)じてくださるものと信(しん)じております」

□おだやか 평온(함), 온화(함), 차분(함) □景気よい 기세 좋다 □大見得(を)切る (무대에서 배우가 유별난 제스처를 취하다는 원래 의미에서) 뽐내며 큰소리치다 〈その政治家(せいじか)は今度の選挙(せんきょ)で負けたら政界を引退(いんたい)すると大見得を切った 그 정치가는 이번 선거에서 지면 정계를 은퇴하겠다고 큰소리를 쳤다〉 □散財する 돈을 낭비하다 □株を上げる 평판을 높이다 □厄介 성가심, 귀찮음, 번거로움 □叔父上 숙부님 〈~上(~님)는 손윗사람을 이를 때 붙이는 말〉 □遺言 유언 □読みあげる 다 읽다, 소리를 내어 읽다 □乾く 마르다, 건조하다 □口調 어조 □詳細 상세함, 자세함 □細心 세심 □注意を払う 주의를 기울이다 □促す 재촉하다, 촉구하다 □かたをつける 결말을 내다, 처리하다 〈朝ご飯前にかたをつけておきたい 아침 식사 전에 결말을 내고 싶다〉 □使途 (돈의) 용도 □報告 보고 □条件にあげる 조건으로 들다 □応じる 응하다

「その点(てん)は信じてくだすって結構(けっこう)です」青年(せいねん)は丁重(ていちょう)に言(い)った。「たとえそのために余分(よぶん)の費用(ひよう)がかかるとしても。いっそ秘書(ひしょ)をやとったほうがいいかもしれませんね。計算(けいさん)のほうは、ぼくはさっぱり駄目(だめ)なんです」

ジリアンはクラブへ出(で)かけた。クラブで、彼がブライスン老人(ろうじん)と呼(よ)んでいる人物(じんぶつ)を探(さが)しだした。

ブライスン氏は、年齢(ねんれい)は四十歳(よんじゅっさい)であるが、すでに第一線(だいいっせん)から退(しりぞ)いた、おだやかな人物である。片隅(かたすみ)で読書(どくしょ)をしていたが、ジリアン青年が近(ちか)づいてくるのを見(み)ると、溜息(ためいき)をつき、書物(しょもつ)を下(した)へおいて眼鏡(めがね)をはずした。

「ブライスン老人、目(め)をさましてくださいよ」ジリアン青年は声(こえ)をかけた。「面白(おもしろ)い話(はなし)があるんです」

□丁重に 정중하게 □余分 여분 □費用 비용 □いっそ 차라리, 도리어 〈=むしろ・かえって, いっそのこと思い切れ 차라리 단념해라〉 □秘書 비서 □やとう 고용하다 □計算 계산 □さっぱり (뒤에 부정 표현이 와서) 도무지, 전혀 〈難しくてさっぱりわからない 어려워서 전혀 모르겠다〉 □探しだす 찾아내다, 찾기 시작하다 □退く 퇴직하다, 물러나다↔進む □片隅 한쪽 구석 □読書 독서 □溜息をつく 한숨을 쉬다 □書物 서적, 도서 □眼鏡をはずす 안경을 벗다↔眼鏡をかける 안경을 쓰다 □目をさます 눈을 뜨다

「それなら撞球室にいる誰かに話してやったらどうかね？」とブライスン氏は言った。「どんなに私が、きみの話というやつを嫌っているかは、きみだって知っているはずだ」

「今度のは、いつものよりも、はるかにすばらしい話なんです」ジリアン青年は紙巻き煙草を巻きながら言った。「それをあなたにお話しするのが、ぼくはうれしいんです。撞球のゴロゴロいう球の音といっしょに話すには、すこしばかり真面目すぎるし、すこしばかり奇妙すぎるんです。ぼくはいま、亡くなった叔父の合法的な海賊どもの事務所へ行ってきたところなんですがね。叔父はぼくに、きっかり千ドル遺してくれているんですが、千ドルで、いったい何ができるでしょうかね？」

□**撞球** 당구 =ビリヤード ■**〜だって** ~일지라도〈人は誰だって幸せになる権利(けんり)があります 사람은 누구나 행복해질 권리가 있습니다〉 □**はるかに** 아득히, 훨씬, 매우 □**紙巻き煙草** 궐련 =シガレット □**巻く** 말다 □**ゴロゴロ** 데굴데굴 □**奇妙** 기묘 □**合法的** 합법적 ■**〜たところだ** (동사 た형에 붙어) 막 ~한 참이다〈ちょうど映画を見て帰ったところです 이제 막 영화를 보고 돌아온 참입니다〉 □**遺す** 남기다

「私はまた」ブライスン老人は酢の壜のなかの蜜蜂の程度にしか興味を示さずに言った。「亡くなったセプティマス・ジリアンは五十万ドルくらいの価値のある人間かと思っていたよ」

「その通りですよ」ジリアン青年は陽気に相槌をうった。「そして、そこにジョーク(笑い話)がはいりこんでくるんです。叔父は金貨の荷物をそっくり細菌に遺していったんです。つまり、一部は新しくバクテリアを発明する人のところへ行き、残りは、そいつを退治する病院の建設資金にあてられるんです。そのほかに一つ二つ、ほんのちょっとした遺言があります。執事と家政婦は、それぞれ印章指輪と十ドルをもらったし、甥は一千ドルもらったというわけです」

「きみはいつも自由になる金をたくさんもっていたじゃないか」とブライスン氏は言った。

「たくさんもっていました」とジリアン青年は言った。「叔

□酢 식초 □壜 병 □蜜蜂 꿀벌 □程度 정도 □興味を示す 흥미를 보이다 □相槌をうつ 맞장구를 치다 □はいりこむ 안으로 들어가다, 깊숙이 들어가다 □金貨 금화 □そっくり 전부, 모조리, 몽땅 □細菌 세균 □つまり 요컨대, 결국 □退治 퇴치 □資金にあてる 자금으로 쓰다, 자금으로 충당하다 □ちょっとした 사소한 □執事 집사 □印章指輪 반지로 된 인장 □甥 남자 조카↔姪(めい) 여자 조카

父は、小遣(こづか)いに関(かん)するかぎり、おとぎばなしの教母(きょうぼ)でしたからね」

「そのほかに相続者(そうぞくしゃ)は？」とブライスン氏はたずねた。

「一人もいません」ジリアン青年は煙草に向(むか)って眉(まゆ)をしかめ、落(お)ちつきなく革張(かわば)りの長椅子(ながいす)を蹴(け)とばした。「いや、叔父が後見(こうけん)をしていたミス・ヘイドンがいます。叔父の家(いえ)に暮(くら)していたんです。おとなしい娘(むすめ)です——音楽(おんがく)が好(す)きで——不(ふ)幸(こう)にも叔父の友人(ゆうじん)だった誰(だれ)かのお嬢(じょう)さんです。いうのを忘(わす)れましたが、この娘さんも、印章指輪と十ドルというお笑い組(ぐみ)の一人(ひとり)なんです。いっそぼくもその組(くみ)にはいっていればよかったと思いますよ。そうすれば、酒(さけ)の二本(にほん)も飲(の)んで、その指輪をチップ代(がわ)りに給仕(きゅうじ)にくれてやって、それできれいさっぱり、かたをつけることができたでしょう。先輩(せんぱい)ぶって、あまり恥(はじ)をかかせないでくださいよ、ブライスン老(ろう)——いったい千ドルで何ができるか、それを教えてください」

□**おとぎばなし** 옛날이야기 □**教母** 아동복지시설 등에서 아동의 훈육을 담당하는 사람, 여기서는 옛날이야기에서 주인공을 돕는 요정으로 보는 것이 좋다 □**相続者** 상속자 □**眉をしかめる** 눈썹을 찌푸리다 □**革張り** 가죽을 씌움 □**後見をする** 뒷바라지를 하다 ■**~代り** (명사에 붙어) ~대신, ~대용 〈彼は私の車をタクシー代わりに使っている 그는 내 차를 택시 대용으로 쓰고 있다〉 □**給仕** 급사 □**きれいさっぱり** 말끔하게, 개운하게 〈きれいさっぱり忘れてしまった 깨끗이 잊어버렸다〉 □**先輩ぶる** 선배인 체하다 □**恥をかかせる** 창피를 당하게 만들다↔恥をかく 창피를 당하다

ブライスン氏は眼鏡を拭(ふ)いて微笑(びしょう)した。ブライスン氏が眼鏡を拭いたとき、これはさらに攻撃(こうげき)をしかけてくるつもりだなとジリアン青年は思った。

「千ドルといえば」とブライスン氏は言った。「相当(そうとう)な金額(きんがく)でもあるし、とるに足(た)らぬ金額でもある。それで楽(たの)しいわが家(や)を買(か)いとってロックフェラーを笑ってやることもできるし、奥(おく)さんをあたたかい南部(なんぶ)へ避寒(ひかん)に行かせて、病気療養(びょうきりょうよう)をさせることもできるだろう。千ドルあれば、六、七、八の三(さん)カ月間(げつかん)、百人(ひゃくにん)の赤(あか)ん坊(ぼう)にミルクを買いあたえ、その五十人(ごじゅうにん)の生命(せいめい)を救(すく)うこともできるだろう。また、それをもとでに用心(ようじん)

□拭く 닦다 □微笑する 미소 짓다 □攻撃をしかける 공격을 해오다 □相当 상당(함) □金額 금액 ■~し (문장 뒤에 붙어 앞뒤의 말을 이어주는 역할을 함) ~하고〈金もあるし、時間もあるし、映画でも見よう 돈도 있고 시간도 있으니 영화라도 보자〉 □とるに足らぬ 하잘 것 없다, 문제가 되지 않다〈とるに足らぬ事で争(あらそ)う 하찮은 일로 다투다〉 □買いとる 사다, 매입하다 □避寒 추위를 피함 ↔避暑(ひしょ) 피서 □療養 요양 □買いあたえる 사서 주다 □生命を救う 생명을 구하다 □もとで 밑천, 자본, 본전 □用心堅固 매우 조심함

堅固(けんご)などこかの秘書画廊(がろう)でカルタ賭博(とばく)でもやって三十分(さんじゅっぷん)の気(き)晴(ば)らしもできるというものだ。また、大望(たいぼう)を抱(いだ)く少年(しょうねん)の教(きょう)育費(いくひ)にあてることもできるだろう。昨日(きのう)、ある競売(きょうばい)で、本物(ほんもの)のコローの絵(え)が、その金額で取引(とりひき)されたそうだ。あるいは、ニュー・ハンプシアの町(まち)へ移(うつ)って行って、その金で二年間(にねんかん)は見苦(みぐる)しくない暮(くら)しができるだろう。マディソン・スクエア・ガーデンを一晩(ひとばん)借(か)り切(き)って、聴衆(ちょうしゅう)に向(むか)って——運(うん)よく聴衆がいればの話だが——推定相続人(すいていそうぞくにん)という地位(ちい)の不確実性(ふかくじつせい)について一席講演(いっせきこうえん)することもできるだろう」

「お説教(せっきょう)さえしなければ」と、どんな場合(ばあい)にもいらいらすることのないジリアン青年は言った。「あなたも、みんなから好(す)かれると思いますがね。千ドルで、どんなことができるか、それを教えてほしいとぼくは頼(たの)んでいるんですよ」

□**秘密** 비밀 □**画廊** 화랑 □**カルタ** 카드 □**賭博** 도박 =かけごと □**気晴らし** 기분 전환, 기분풀이 □**大望を抱く** 큰 뜻을 품다 □**競売** 경매 □**本物** 진품↔偽物(にせもの) 모조품, 가짜 □**コロー** 코로 〈프랑스의 화가로 인상파의 선구자로 꼽힘〉 □**ニュー・ハンプシア** 뉴햄프셔 □**移る** 옮기다, 이사하다 □**見苦しい** 보기 흉하다, 꼴 사납다 □**マディソン・スクエア・ガーデン** 매디슨 스퀘어 가든 □**借り切る** 통째로 빌리다 〈借り切り 전세냄〉 □**聴衆** 청중 □**推定** 추정 □**講演** 강연 □**説教** 설교 □**いらいらする** 안절부절하다 □**好く** 좋아하다, 사랑하다↔好かれる 사랑받다

「きみがかい？」ブライスン氏は、やさしく笑って言った。「ねえ、ボビー・ジリアン、理論的(りろんてき)に言って、きみにできることは、ただ一つしかないね。その金でミス・ロッタ・ローリアにダイヤモンドのペンダントでも買ってあげて、それから、きみ自身(じしん)はアイダホへ行って牧場(ぼくじょう)の厄介になることだ。羊(ひつじ)の牧場がいいんじゃないかな。私はとくに羊が嫌いだからね」

「ありがとう」そう言ってジリアン青年は立ちあがった。「あなたなら頼りになると思っていたんですよ、ブライスン老。まさに名案(めいあん)です。ぼくはこの金を浮浪人(ふろうにん)にでもめぐんでやるつもりだった。なにしろ、金の計算書(けいさんしょ)を出(だ)さなければならないし、しかもぼくは、いちいち明細書(めいさいしょ)をつくるなんてことは大(だい)の苦手(にがて)ですからね」

□**理論的に言う** 이론적으로 말하다 □**ペンダント** 펜던트 □**牧場** 목장 □**厄介になる** 신세를 지다, 의지하다 〈厄介にする 번거롭게 하다, 厄介者 애물단지 · 말썽꾸러기, 厄介扱(あつか)い 애물단지 취급〉 □**頼りになる** 의지가 되다, 믿음직스럽다 □**名案** 좋은 제안 □**浮浪人** 부랑자 □**めぐむ** 은혜를 베풀다 □**明細書** 명세서

ジリアン青年は電話で馬車を呼び、馭者に言った。

「コロンバイン劇場の楽屋口までやってくれ」

ミス・ロッタ・ローリアが、おしろいのパフで化粧をし、満員のマチネーへの出演準備がほとんどできあがったとき、彼女の衣裳係がジリアン氏の名前を伝えた。

「お通ししてちょうだい」ミス・ローリアは言った。

「あら、どうなすったの、ボビー？ あたし、あと二十分したら出なのよ」

「きみの右の耳は、すこしばかり兎の足に似ているようだ」ジリアンは批評的に言った。「しかし、そのほうが、かえってすばらしい。ところで、二分もかからないことなんだが、ちょいとしたペンダントで何かきみの好みの品はないかね？ 三桁の数で、その前に数字の一をつけたくらいのものなら、買ってあげられるのだがね」

□馭者 마부 □楽屋 분장실, 극장 등에서 출연자가 준비나 휴식을 취하는 방 □おしろい 분 □パフ 퍼프 □マチネー(matinée) 마티네 〈연극이나 음악회 등의 낮에 하는 공연〉 □出演 출연 □できあがる 이루어지다, 완성되다 □衣装係 의상담당 □批評 비평 □かえって 오히려 □好み 취향, 기호 □~桁 ~자리 〈숫자 자릿수를 나타냄〉

「あなたが選んでくださるものなら何でも結構よ」とミス・ローリアは歌うように言った。「ねえ、ボビー、あなたはこのあいだの晩デラ・スタシイがつけていたペンダントごらんになった？ あれ、ティファニーの店で二千二百ドルもしたんですって。でも、むろん——ちょっと、アダムズ、このサッシュをすこし左へ引っぱってちょうだい」

「ローリアさん、コーラスがはじまります」外から呼出しの少年が叫んだ。

ジリアン青年は、待たせてある馬車のところへ、ふらりと出て行った。

「もし千ドルあったら、きみは何をするかね？」と彼は馭者にたずねた。

「あっしなら酒場をはじめますな」即座に馭者は、かすれ声で言った。「両手で金をつかみ取りできるような場所を知っているんです。町角にある四階建てのビルなんですがね。

□**むろん** 물론 □**サッシュ**(sash) 새시 ; 허리띠, 드레스에 두르는 장식용의 넓은 띠 □**呼出し** 호출 □**待たせる** 기다리게 하다 □**ふらりと** 훌연히, 훌쩍 □**酒場** 술집, 바 □**即座に** 즉석에서, 바로 □**かすれ声** 쉰 목소리 □**つかみ取り** 한 움큼 쥠 〈ぬれ手で粟(あわ)のつかみ取り 젖은 손으로 조를 움켜쥐기, 즉 힘들이지 않고 큰돈을 버는 일이라는 뜻〉

こいつはあっしの考案なんですが、二階は支那料理とチャプスイ、三階がマニキュアと外国公館、そして四階を公開賭博場にするんです。もし旦那が本気でやる気があるんなら——」

「とんでもない」とジリアン青年は言った。「ぼくは、ほんの好奇心からきいてみただけなんだ。きみの馬車を時間制で借り切ることにしよう。ぼくがとめろというまで走らせてくれ」

ジリアン青年はステッキで二輪車の馬を突ついてブロードウェイを八ブロックほど走らせてその街を出た。横町に一人の盲人が床几に腰をかけて鉛筆を売っていた。ジリアンは馬車からおりて盲人の前に立った。

□**考案** 고안 □**支那** 중국의 옛 이름 □**チャプスイ** 잡채 □**マニキュア** 매니큐어 □**外国公館** 외국공관 □**やる気** 할 마음, 하고 싶은 기분 □**好奇心** 호기심 ■**~ことにする** ~하기로 하다 〈미래의 행위에 대한 결정, 결의 등을 나타냄, これからあまい物は食べないことにしよう 이제부터 단 것은 먹지 않기로 해야지〉 □**ステッキ**(stick) 지팡이 □**突つく** 가볍게 쿡쿡 찌르다 □**横町** 뒷골목, 골목 □**盲人** 맹인 □**床几** 접의자 □**腰をかける** 앉다

「失礼だが」と彼は言った。「もしきみが千ドル手にしたら何をやるか、そいつを一つ聞かせてくれないか」

「旦那は、いまそこにとまった馬車からおりてきなすったんだね？ ちがいますかい？」と盲人は言った。

「その通りだよ」

「真昼間」と鉛筆売りの盲人は言った。「馬車を乗りまわすのも結構ですがね、よろしかったら、ちょいとこれを見ておくんなさい」

盲人はポケットから小さな手帳をとり出して、ジリアンにさし出した。ジリアンが開いて見ると、銀行の預金通帳だった。それは差引き残高一千七百八十五ドルが盲人の預金になっていることを示していた。

ジリアン青年は通帳をかえして馬車に乗りこんだ。

「忘れていたものがある」と彼はつぶやいた。「トルマン・アンド・シャープ法律事務所へやってくれ——ブロードウェイだ」

□**手にする** 손에 넣다 =手に入れる　□**真昼間** 한낮 동안　□**乗りまわす** 타고 돌아다니다　□**手帳** 수첩　□**さし出す** 내밀다, 제출하다　□**預金通帳** 예금통장　□**差引き残高** 인출잔액　□**示す** 나타내다, 표시하다　□**乗りこむ** 올라타다　□**つぶやく** 중얼거리다

トルマン弁護士は敵意(てきい)をこめて彼を眺(なが)め、金縁(きんぶち)の眼鏡ごしに様子(ようす)をうかがった。

「失礼ですが」とジリアン青年は陽気な調子(ちょうし)で言った。「一つおたずねしたいことがあるんです。かまいませんか？ いいえ、それほどあつかましいことではないと思います。ミス・ヘイドンは指輪と十ドルのほかに叔父の遺言(ゆいごん)で何かもらいましたか？」

「いや、何も」とトルマン氏は答(こた)えた。

「そうですか。いや、どうもありがとうございました」そう言ってジリアンは馬車のところへ戻(もど)った。そして、亡くなった叔父の家の所番地(しょばんち)を馭者に告(つ)げた。

ミス・ヘイドンは書斎(しょさい)で手紙(てがみ)を書いていた。彼女は小柄(こがら)な背(せ)のすらりとした女で、黒(くろ)い服(ふく)を着(き)ていた。だが読者(どくしゃ)は、彼女の目に注意されたことだろう。

□敵意をこめる 적의를 담다 □眺める 바라보다 □金縁 금테 □眼鏡ごし 안경 너머 〈窓越(ご)し 창문 너머〉 □うかがう 엿보다, 살피다, 노리다 〈人の顔色ばかりうかがっています 남의 안색만 살피고 있습니다〉 □あつかましい 뻔뻔스럽다 〈=ずうずうしい, あつかましいお願いで恐縮(きょうしゅく)ですが 염치없는 부탁이라 죄송합니다만〉 □所番地 주소 〈氏名と所番地を記入して下さい 성명과 주소를 기입해 주십시오〉 □告げる 고하다 □書斎 서재 □小柄 몸집이 작음 ↔ 大柄(おおがら) □すらりと 날씬하게

ジリアン青年は、まるでこの人生(じんせい)などとるに足(た)らぬといった態度(たいど)で、ふらりとはいって行った。

「実(じつ)はいまトルマン氏の事務所へ行ってきたところなんですがね」と彼は説明した。「事務所では、さかんに書類(しょるい)を検討(けんとう)していましたよ。それで発見(はっけん)したんですが」——ジリアン青年は記憶(きおく)にある法律用語(ようご)を探(さが)した——「遺言状(ゆいごんじょう)のなかに訂正個所(ていせいかしょ)、もしくは追加(ついか)個所を発見したのです。つまり叔父さんは考えを改(あらた)めた末(すえ)に、いささか寛大(かんだい)になって、あなたに一千ドル遺贈(いぞう)したらしいのです。ちょうどぼくがお宅(たく)へくるところだったので、トルマン氏から、そのお金をあなたにとどけてほしいと頼まれましてね。これがそのお金です。まちがいがあってはいけないから数(かぞ)えてみてくれませんか」

ミス・ヘイドンは青(あお)くなった。「まあ！」と言い、それからまた、「まあ！」と言った。

□態度 태도 □さかんに 왕성하게 □検討 검토 □記憶 기억 □訂正個所 정정 부분 □追加 추가 □もしくは 혹은, 또는 □改める 고치다, 개정하다 ■～た末に (동사 た 형에 붙어) ~한 결과 〈どちらがいいか迷った末に赤いもので決めた 어느 것이 좋을까 망설인 끝에 빨간 것으로 정했다〉 □いささか 조금, 약간, 다소 □寛大になる 관대해지다 □遺贈する 증여하다 □数える 헤아리다, 계산하다

ジリアン青年は半(なか)ば背を向(む)けて窓(まど)の外を眺めた。

「もちろん」と彼は低(ひく)い声で言った。「ぼくがあなたを愛(あい)していることは、わかっていてくださるものと思います」

「お気(き)の毒(どく)ですけれど」ミス・ヘイドンは金をとりあげて言った。

「じゃ、駄目(だめ)なんですね？」ジリアンは気も晴(は)れ晴(ば)れとした調子で言った。

「おゆるしください」と彼女はまた言った。

「ちょっと手紙を書きたいんですが、かまいませんか？」ジリアン青年は微笑(びしょう)しながら言った。そして大きな机(つくえ)に向(むか)って腰(こし)をおろした。彼女は彼のために紙とペンをもってきてやってから、また自分の机に戻った。

ジリアン青年は、千ドルの使途に関する報告書(ほうこくしょ)を、つぎのようにしたためた。

□背を向ける 등을 돌리다 □気の毒 딱함, 불쌍함 □とりあげる 집어 들다, 징수하다, 채택하다 □おゆるしください 용서해 주세요 〈お＋ます형＋ください 형태의 존경 표현〉 □晴れ晴れと 청명한, 상쾌한 □したためる (글씨를) 쓰다, 적다 〈大学の先生に紹介状をしたためていただきました 대학 교수님께서 소개장을 써 주셨습니다〉

『黒い羊ロバート・ジリアンは、天(てん)の助(たす)けにより、永遠(えいえん)の幸福(こうふく)のため、この世(よ)で最(もっと)も善良(ぜんりょう)にして最も親愛(しんあい)なる婦人(ふじん)に千ドルを支払(しはら)った』

ジリアンは、この報告書を封筒(ふうとう)に入れ、ミス・ヘイドンに会釈(えしゃく)して、その家を出た。

彼の馬車は、ふたたびトルマン・アンド・シャープ法律事務所の前でとまった。

「あの千ドルのかたがつきましたよ」と彼は、うきうきした調子で、金縁眼鏡のトルマン氏に向って言った。「そして、約束通り、その報告書をもってまいりました。外はもうすっかり夏(なつ)めいてきましたね——そう思いませんか、トルマンさん」

□**善良** 선량　□**親愛なる** 친애하는　□**支払う** 지불하다　□**封筒** 봉투　□**会釈する** (머리를 살짝 숙이면서) 인사하다　□**ふたたび** 재차, 다시　□**かたがつく** 결말이 나다, 낙착되다 〈かたをつける 결말을 내다 · 처리하다, この事件もこれでやっとかたがつきました 이 사건도 이것으로 겨우 결말이 났습니다〉 □**うきうき** 신이 나서 마음이 들뜬 모양　□**夏めく** 여름다워지다 〈めく는 '~의 경향을 띠다'는 뜻을 나타냄, 春めく 봄다워지다, 時めく 한창 드날리다〉

彼は白(しろ)い封筒を弁護士の机の上に投(な)げだした。「これに千ドルの消費(しょうひ)に関(かん)する運用法(モダス・オペランディ)の覚(おぼ)え書(がき)がはいっています」

封筒には指(ゆび)もふれずにトルマン氏は扉(とびら)のところへ行って、彼の協同者(きょうどうしゃ)であるシャープ氏を呼んだ。二人は一緒(いっしょ)になって巨大(きょだい)な金庫(きんこ)の洞窟(どうくつ)を探索(たんさく)した。そして、探索の獲物(えもの)として、蠟(ろう)で封印(ふういん)された大型(おおがた)の封筒を引(ひ)っぱりだした。それを破(やぶ)いて開(ひら)き、中身(なかみ)をとりだして、重々(おもおも)しく頭(あたま)をふった。トルマン氏が代弁者(だいべんしゃ)となって口(くち)を開いた。

□投げだす 내던지다 □消費 소비 □覚え書 각서 □ふれる (손을) 대다 □協同者 협동자 □金庫 금고 □探索 탐색 □獲物 노획물, 사냥감 □蝋 납 〈양초, 방수제, 고약 등의 제조 원료로 쓰이는 에스테르의 일종〉 □封印 봉인 □破く 부수다, 깨뜨리다 □中身 알맹이 □重々しい 자못 묵직하다, 묵직하게 보인다 〈こんなに重々しくて深みのある言い回しがあったんだ 이처럼 중후하고 깊이가 있는 말의 표현이 있었구나〉 □頭をふる 머리를 흔들다 □代弁者 대변자

「ジリアンさん」と彼は形式(けいしき)ばった口調で言った。「実は、あなたの叔父上の遺言状には、添(そ)え書(が)きがあったのです。それを、ひそかに私どもに託(たく)され、遺言状にあった一千ドルの遺贈金(いぞうきん)に関するあなたの処分法(しょぶんほう)について、詳細(しょうさい)な報告書をあなたからいただくまでは、決(けっ)してこれを開いてはならぬというご指示(しじ)でした。あなたは、その条件(じょうけん)を果(はた)されたわけですから、いまここで私と私の協同者とは、その添え書きを読(よ)みあげることにいたします。法律上(ほうりつじょう)の用語によって、あなたの理解(りかい)をさまたげるのは、私の望(のぞ)むところではありませんので、その内容(ないよう)の要点(ようてん)を簡単(かんたん)に説明(せつめい)することにいたします。

「一千ドルのあなたの処分法によって、あなたに報償(ほうしょう)を受(う)けるだけの十分(じゅうぶん)なる資格(しかく)があることが明(あき)らかとなった場合には、莫大(ばくだい)な恩恵(おんけい)があなたの手にはいることになっております。

□**形式ばる** 형식을 중시하다, 격식을 차리다 〈~はる(명사에 붙어) ~처럼 행동하다 · ~을 차리다, 欲張る 욕심을 부리다〉 □**添え書き** 곁들어 씀, 추신 □**ひそかに** 몰래, 은밀하게 □**託す** 맡기다 □**処分** 처분 □**果す** 완수하다, 다하다 〈企業の社会的責任を果してもらいたいです 기업의 사회적 책임을 완수해 주기를 바랍니다〉 □**さまたげる** 방해하다, 저해하다 〈흔히 법조문에서 쓰임〉 □**報償** 보상 □**莫大** 막대 □**恩恵** 은혜 □**手にはいる** 손에 들어오다

私とシャープ氏とが、その判定人に指名されておりますので、私どもは、正義にしたがい、厳格に、また寛容をもって、われわれの義務を遂行することを、あなたに保証いたします。ジリアンさん、私どもは、かならずしも全面的にあなたに好意をもっているものではありません。それはともかく、添え書きの件に話を戻すことにいたしましょう。問題の一千ドルについてのあなたの処分が、慎重、賢明、かつ非利己的なものであった場合には、あなたに五万ドルの価格の債券をお渡しする権限を私どもはあたえられているのです。そして、その債券は、以上の目的のために、私どもが保管しております。しかし、もし——依頼人である故ジリアン氏が、はっきりと条件をつけておられるように——あなたがこの金を従前通りのようなことに使用された場合——故ジリアン氏の言葉を引

□判定人 판정인 □指名 지명 □正義にしたがう 정의에 따르다 □厳格 엄격 □寛容 관용 □遂行する 수행하다 □かならずしも(必ずしも)〜ない 반드시 ~인 것은 아니다, 꼭 ~라고는 할 수 없다 〈必ずしも成功するとは限らない 반드시 성공한다고는 할 수 없다〉 □慎重 신중(함) □賢明 현명(함) □かつ 게다가, 또한 □非利己的 비이기적, 이기적이지 않은 □債券 채권 □権限 권한 □あたえる 주다, 부여하다 □保管 보관 □依頼人 의뢰인 □従前 종전, 지금보다 이전

用(よう)いたしますと——不名誉(ふめいよ)なる友人を相手(あいて)に不都合(ふつごう)きわまる費消(ひしょう)をなせる場合には——この五万ドルは、ただちに故ジリアン氏の被後見人(ひこうけんにん)たるミス・ミリアム・ヘイドンに支払われることになっております。それでは、ジリアンさん、シャープ君(くん)と私とで、一千ドルについてのあなたの報告書を検討することにいたします。もちろん文書(ぶんしょ)の形式になっているのでしょうね？私どもの判定は全面的に信頼(しんらい)していただけるものと信じております」

トルマン氏は手をのばして封筒をとろうとした。間一髪(かんいっぱつ)、それよりわずかに早(はや)くジリアン青年は封筒をとりあげてしまった。悠然(ゆうぜん)と彼はその報告書を封筒ごとずたずたに引き裂(さ)いて、ポケットのなかへ押(お)しこんだ。

「いや、結構です」と彼は、にこにこ笑(わら)いながら言った。

□引用 인용 □不名誉 불명예 □不都合 형편이나 사정이 좋지 못함 □きわまる 극도에 이르다, 한도까지 닿다 □費消 소비 □被後見人 피후견인 □～たる ~로서의 자격을 갖추고 있는, ~인, ~된 〈学生たる者、学問に励(はげ)むべきだ 학생된 자, 학문에 힘써야 한다〉 □信頼 신뢰 □手をのばす 손을 뻗다 □間一髪 아슬아슬함, 절박함 〈間一髪で事故を免(まぬか)れて、よかったですね 아슬아슬하게 사고를 면해서 다행이네요〉 □悠然と 침착하게 □～ごと ~째, ~통째로 〈小魚(こざかな)を骨ごと食べた 작은 생선을 뼈째 먹었다〉 □ずたずたに 너덜너덜하게 □引き裂く 갈기갈기 찢다 〈裂く의 힘줌말, 彼からの手紙を引き裂いた 그에게서 온 편지를 갈기갈기 찢었다〉 □押しこむ 억지로 밀어 넣다 □にこにこ 싱글벙글, 생글생글

「こんなことで、あなたがたをわずらわす必要(ひつよう)は、すこしもありません。どっちみち、一つ一つ明細書に書きだした賭金(かけきん)の内容が、あなたがたにおわかりになるとは思えませんからね。あの千ドルは競馬(けいば)ですってしまったんですよ。じゃ、さようなら」

ジリアン青年が立(た)ち去(さ)ると、トルマン氏とシャープ氏は、たがいに顔を見合(みあ)わせて陰気(いんき)に頭をふった。というのは、エレベーターを待ちながら、ジリアン青年が、陽気に廊下(ろうか)で口笛(くちぶえ)を吹(ふ)いているのがきこえたからである。

(One Thousand Dollars)

□わずらわす 괴롭히다, 성가시게 하다, 애를 먹이다 □どっちみち 어쨌든, 결국은 〈どっちみちわかることだ 어차피 알게 될 일이다〉 □賭金 외상값, 노름돈 □競馬 경마 □する 다 써 버리다 =使い果す □立ち去る 떠나가다, 물러나다 □口笛を吹く 휘파람을 불다

본문 해석

본문과 대조하면서 확인해 보시기 바랍니다.

警官と讃美歌 경관과 찬송가

p.12 매디슨 스퀘어의, 늘 앉는 벤치에서 소피는 꿈지럭거리면서 몸을 움직이고 있었다. 기러기는 밤이 되면 새된 소리로 울고 바다표범의 모피 외투를 갖지 못한 여자들은 남편에게 상냥해지며, 그리고 소피가 공원 벤치에서 꿈지럭거리면서 몸을 움직이게 되면 이제 겨울도 바로 지척임을 알게 되리라.

p.13 낙엽 한 장이 소피의 무릎으로 떨어졌다. 그건 잭 프로스트 씨(역주–'서리'라는 뜻)의 명함이다. 잭은 매디슨 스퀘어의 단골들에게 친절한지라 매년 이곳을 찾아올 때에는 틀림없이 예고를 해 준다. 사거리 모퉁이에서, 그는 '푸른 하늘 별장'의 문지기인 북풍 씨에게 명함을 건넨다. 덕분에 저택의 주민들도 겨울을 맞을 준비를 할 수 있다.

'드디어 다가오는 겨울을 대비해서 나도 월동대책위원회의, 단 한 사람의 위원이 될 결심을 해야만 하겠구나' 하고 소피는 확실히 깨달았다. 그런 까닭에 그는 늘 앉곤 하던 벤치에 맘 편하게 앉아 있을 수만은 없었다.

p.14 월동대책으로 소피가 마음에 품은 희망은, 그렇게 화려한 게 아니었다. 지중해를 여객선을 타고 여행하고 싶다든지 졸음이 쏟아질 것 같은 남쪽 하늘 아래에서 지내고 싶다든지 베수비오 만에서 뱃놀이를 하고 싶다든지 그런 생각은 조금도 하지 않았다. 섬(역주–뉴욕의 이스트 강에 있는 작은 섬. 예전에 형무소가 있었다. 따라서 여기서는 '형무소'라는 뜻)에서의 3개월, 이것이 그의 염원인 것이다. 바람의 신('보레아스'는 역자가 붙인 이름)이나 경관을 신경 쓰지 않고 식사와 침대와 마음이 맞는 동료가 보장되는 3개월이, 소피가 원하는 최고의 것이다.

최근 몇 년인가는, 대접이 좋은 블랙웰즈 섬이 그가 겨울을 지낼 주거지였다. 겨울이 올 때마다 소피보다도 운이 좋은 뉴욕 시민들이 팜비치나

p.15 리비에라로 가는 티켓을 구매하는 것처럼 소피는 여느 때와 마찬가지로 섬에 틀어박히기 위해서 사소한 준비를 하는 게 보통이었다. 올해도 마침내 그런 시기가 찾아온 것이다. 어젯밤에는 윗옷의 아래쪽과 발목 주위와 무릎 위에 일요판 신문을 세 장 덮고 잤지만 그런 걸로는 오래된 공원의 분수 옆 벤치 위에서 추위를 쫓아낼 수 있을 리가 없었다. 마침 그때 '섬'이 희미하게 소피의 마음속에 떠올라왔던 것이다. 그는 이 마을의 식객들을 위해서 자선이라는 이름으로 지어진 시설을 경멸하곤 했다. 소피의

의견에 따르자면, 법률이 박애보다도 훨씬 친절했다. 시영이나 자선단체 시설은 넘쳐날 만큼 있었다. 원한다면 주선을 받아 간이생활에 알맞는 숙박할 곳이나 음식을 얻을 수도 있었다. 하지만

p.16 소피처럼 자존심이 강한 자에게는 자선 물품은 탐탁지 않았다. 설사 돈을 지불하지 않더라도 자선사업의 은혜를 받기라도 한다면 그때마다 정신적 굴욕이라는 대가를 지불해야만 한다. 시저에게 브루투스가 따라오기 마련인 것처럼, 자선이라는 침대에는 목욕을 해야 한다는 과세가 따라오기 마련이고, 한 조각 빵을 얻어내기 위해서는 사생활에까지 개입하는 개인적인 신원조사라는 대가를 지불하지 않으면 안 된다. 규칙에 따라 움직여야 한다고는 해도 법률은 신사의 사생활에까지 부당한 간섭을 하지 않기 때문에 오히려 법률의 신세를 지는 편이 그나마 나았다.

섬에 갈 결심을 굳히자 소피는 곧장 그 소원을 달성시키기에 착수했다. 그렇게 하기 위해서는 간단한 방법이 얼마든지

p.17 있었다. 가장 유쾌한 방법은 어디 화려한 레스토랑에서 호화로운 식사를 하는 것이었다. 그런 다음에 슬슬 땡전 한 푼 없다고 큰소리를 쳐대다가 그대로 버둥거리며 저항하지 않고 순순히 경관의 손에 인도되는 것이다. 그 후에는 친절한 판사가 모든 일을 배려해 주리라.

소피는 벤치를 뒤로 하고 어슬렁거리며 공원에서 나와 브로드웨이 거리와 5번가가 만나는 근방의, 아스팔트가 깔린 평평한 바다를 건너갔다. 브로드웨이 거리를 북쪽으로 향하다가 눈부신 요리점 앞에서 걸음을 멈추었다. 이곳은 밤마다 최상급 포도주와 실크로 된 옷과 세련된 사람들이 모여드는 곳이다.

p.18 소피는 조끼의 맨 아래 단추부터 위쪽은 자신이 있었다. 수염도 깎았겠다, 상의도 보기 흉하지 않겠다, 깔끔한 검정색의 잡아당기기만 하면 되도록 고정되어 있는 넥타이는 추수감사절에 여전도사로부터 선물로 받은 것이었다. 이 레스토랑의 테이블에 의심받지 않고 앉을 수가 있다면 성공은 그의 것이다. 테이블에서 위로 보이는 부분이라면 급사의 마음에 의혹을 일으킬 만한 일은 없을 터이다. '물오리 통구이 정도가 우선 적당한 수준이겠군' 하고 소피는 생각했다. 거기에 백포도주 한 병과 카망베르 치즈, 식후의 커피 한 잔과 시가 한 대——. 시가 값은 1달러로 보면 충분하겠지. 전부 합해도 요리점 계산대에서 심한 처우를 당할 만큼의 액수는 안 될 것이다. 게다가 이 정도의 식사는 그의 배를 채우고 행복한 기분으로 겨울 피난처로 여행을 보내줄 것이다.

p.19 그러나 레스토랑 문 안으로 한 발짝 발을 들여놓자마자 급사장의 시선이, 닳아서 해진 바지와 오래 신어 너덜거리는 신발 위로 떨어졌다. 다부지고 민첩한 손이 기다리고 있었다는 듯이 방향을 바꾸어 아무 말도 않고 곧장 그를 길바닥으로 되돌려 보낸 까닭에, 하마터면 먹고는 내빼버릴 대접을 받을 뻔했던 물오리 통구이를 불명예스러운 운명에서 구해냈던 것이다.

소피는 브로드웨이 거리에서 옆으로 빠졌다. 대망의 섬으로 갈 수 있는 길은 식도락의 길이 아니었던 모양이다. 형무소에 들어갈 수 있는 뭔가 다른 방법을 찾아내는 수밖에 없다.

p.20 6번가 모퉁이에 전등과 판유리 안쪽에 솜씨 좋게 진열된 상품 덕분에 쇼윈도가 한층 눈에 띄게 잘 보이는 가게가 있었다. 소피는 돌을 하나 주어들어서는 그 쇼윈도 유리를 내려쳤다. 경관을 선두로 수많은 사람들이 길모퉁이를 돌아서 달려왔다. 소피는 두 손을 주머니에 찔러 넣은 채 가만히 있었다. 그리고 경관의 놋쇠 단추를 보자 히죽 웃었다.

"이런 짓을 한 녀석은 어디에 있지?" 경관은 흥분해서 물었다.

"제가 이 일에 관계 있을지 모른다고는 생각하지 않나요?" 빈정거림이 섞인, 게다가 행운을 맞이하는 사람처럼 친근감을 담아서 소피는 말했다.

p.21 경관의 마음은 소피의 말을 하나의 실마리로조차도 받아들이지 않았다. 쇼윈도를 깨부술 만한 남자가, 법률 대리인과 이야기를 나누기 위해서 그 현장에 남아 있을 리가 없다. 그런 놈은 쏜살같이 도망치는 법이다. 경관은, 전철을 타려고 반 블록 정도 앞서 뛰어가는 한 남자를 주시했다. 경찰봉을 뽑아들고서 그는 그 남자를 쫓아갔다. 소피는 또 다시 실패한 까닭에 너무나도 원통해 하면서 천천히 걷기 시작했다.

p.22 거리 맞은편에 별로 눈에 띄지 않는 레스토랑이 한 곳 있었다. 그곳은, 식욕은 엄청나지만 품에 지닌 돈은 얼마 없는 사람에게는 안성맞춤인 가게였다. 식기류와 분위기는 두꺼워보였지만 스프와 식탁보는 얇았다. 이 가게 안으로 소피는 붙잡히지도 않고 기가 푹 죽어 있는 신발과 감출 방도도 없는 바지 차림으로 들어갔다. 테이블에 앉아 비프스테이크와 커다란 핫케이크와 도넛과 파이를 먹어 치웠다. 그리고 급사에게 자신은 단돈 한 푼조차 돈에는 인연이 없는 사람이라는 사실을 밝혔다.

"자아, 얼른 순경을 불러오시오." 하고 소피는 말했다. "신사를 기다리게 해서는 안 되지."

p.24 "너 같은 녀석한텐 순경은 필요도 없어." 급사는 버터케이크처럼 끈적거리는 목소리로 맨해튼 칵테일 속의 체리와 같은 눈을 하고 말했다. "어이, 콘, 손 좀 빌려줘."

무정한 길바닥 위에, 완전히 왼쪽 귀를 아래로 해서, 급사 두 사람의 손에 내팽겨쳐졌다. 그는 마치 목수의 접자를 펼치 듯이 관절을 하나하나 펼치면서 일어나 옷의 먼지를 털어냈다. 구류는 장밋빛 꿈에 지나지 않는 듯 여겨졌다. 섬은, 아직 머나먼 저편에 있는 것이나 마찬가지였다. 두 집 앞의 약국 앞에 서 있던 경관은 웃으면서 거리를 걸어지나갔다.

거리를 다섯 블록 정도 걷고 나서야 겨우 다시 한번 체포를 구할 용기가 생겨났다. 이번에는 어리석게도 그가 '전혀

p.25 어렵지 않은 일'이라고 제멋대로 정해 버렸던 일이 운 좋게 벌어진 것이었다. 조신하고 말쑥한 옷차림을 한 젊은 여자가 쇼윈도 앞에 서서 면도용 컵이랑 잉크스탠드 등의 진열품을, 눈을 반짝이며 정신없이 쳐다보고 있었다. 그리고 그 쇼윈도에서 2야드 떨어진 곳에 위압적인 태도의 덩치 큰 경관이 소화전에 기대서 있었다.

비열하고 불쾌한 '난봉꾼' 역할을 연기하는 게 그의 계획이었다. 고상하고 우아한 희생자의 모습과 성실해 보이는 경관을 눈앞에 두고, 그는 이제 곧 그 아담한 좁은 섬에서의 겨울 한철 숙박을 보증해 줄 기분 좋은 경관의 손이 자신의 팔을 움켜잡는 것을 느낄 수 있다, 라는 확신에 사로잡혔다.

p.26 소피는 여전도사에게서 받은 잡아당기기만 하면 되도록 고정되어 있는 넥타이를 고쳐 맨 다음, 자꾸만 뒷걸음질하고 싶어 하는 커프스를 소맷부리 쪽으로 끌어당기고 모자도 멋들어지게 비스듬하게 쓰고는, 젊은 여자 쪽으로 조금씩 다가갔다. 추파를 던지면서 별안간 헛기침을 하거나 에헴 하고 말하거나 미소를 지어보이거나 싱긋하고 웃으면서 '난봉꾼'이 사용하는 뻔뻔스럽고 비열한 상투수단을 넉살 좋게 해치웠다. 경관이 줄곧 이쪽을 보고 있다는 것은 곁눈질로도 알 수 있었다. 젊은 여자는 두세 발자국 떨어지자 또 다시 면도용 컵을 열심히 쳐다보았다. 소피는 그때를 좇아 대담하게 그녀 옆으로 다가가 모자를 들어올리면서 말했다.

"여어, 베델리아! 우리 집에 놀러오지 않을래?"

p.27 경관은 아직도 쳐다보고 있었다. 곤란을 당하고 있는 젊은 여자가 손가락으로 살짝 신호를 해주기만 한다면 사실상 소피는 섬의 피난처로 향하는 길을 찾아가게 되는 것이다. 벌써부터 경찰서의 기분 좋은 따스함이 느껴지는 듯한 기분이 들기 시작

했다. 젊은 여자는 그를 향해 한 손을 뻗어 소피의 윗옷 소매를 붙잡았다.

"갈게요, 마이크." 그녀는 기쁜 듯이 말했다. "맥주를 한잔 사주신다면요. 제 쪽에서 먼저 말을 걸고 싶었지만 경찰나리가 보고 있어서요."

떡갈나무에 감겨 있는 담쟁이덩굴 같은 모습의 젊은 여자를 데리고 소피는 완전히 우울해져서 경관 곁을 지나쳤다. 무슨 짓을 해도 체포당하지 않을 운명인 모양이었다.

p.28 다음 모퉁이에 오자마자 그는 상대방 여자를 뿌리치고는 달리기 시작했다. 밤이 되면 가장 밝은 거리와 가장 들뜬 기분과 가장 손쉬운 사랑의 맹세와 가장 명랑한 노래가 출현하는 곳 근처까지 오자 그는 발걸음을 멈췄다. 모피에 몸을 감싼 여자들이나 오버코트를 차려 입은 남자들이 겨울의 공기 속을 발랄하게 오가고 있었다. 자기가 뭔가 무시무시한 마법에 걸려 체포면역증에 걸려 버린 것은 아닐까 하는 불안함이 갑자기 소피를 엄습했다. 그런 생각이 들자, 약간 당황스러운 기분이 들었다. 경관 한 사람이 대단히 멋진 극장 앞을, 거드름을 잔뜩 피우는 모습으로 왔다갔다 하고 있는 장면을 목격하자 그는 '치안방해'라는 눈앞의 지푸라기에 매달리려고 했다.

p.29 길거리에서 굵고 탁한 목소리를 내지르면서 술주정뱅이처럼 허튼소리를 떠들어대기 시작했다. 춤을 추고 고함을 지르고 날뛰고, 그 외의 온갖 방법으로 주변을 소란스럽게 만들었다.

경관은 경찰봉을 빙글빙글 돌리면서 소피에게는 등을 보이고는 어떤 시민에게 말했다.

"예일대학 학생입니다. 하트포드 대학을 전멸시켰다면서 요란을 떨면서 축하를 하고 있는 거예요. 소란스럽지만 별 다른 피해는 없을 겁니다. 내버려 두라는 명령을 받았거든요."

비참한 기분으로 소피는 쓸데없는 소란을 중지했다. 무슨 짓을 해도 경관은 날 체포해주지 않는 걸까? 섬은, 절대로 도달할 수 없는 이상향일 것 같은 기분이 들기 시작했다. 차가운 바람을 맞으면서 그는 얇은 윗옷의 단추를 채웠다.

p.30 담배 가게 앞에서 옷차림이 괜찮은 남자가 매달려 있는 점화기로 시가에 불을 붙이고 있는 모습이 그의 눈길을 끌었다. 입구의 문 근처에 그 남자의 실크 우산이 세워져 있었다. 소피는 가게 안으로 들어가 그 우산을 움켜쥐고 천천히 나왔다. 시가에 불을 붙이고 있던 남자가 황급히 뒤쫓아왔다.

"이봐요, 그건 내 우산이라고."라며 그는 몹시 거칠게 말했다.

"어랏, 그런가?" 좀도둑질에도 모자라 모욕까지 더하면서 소피는 비웃었다. "그렇다면 어째서 경관을 부르지 않지? 내가 훔쳤어. 당신 우산을 말이지. 왜 경관 나리를 부르지 않는 거지? 저쪽 모퉁이에 한 명 서 있지 않는가?"

우산 주인은 발걸음을 늦추었다. 소피도 그렇게 했다. 행운이 또 다시 달아나 버릴 것 같은 예감을 느꼈다. 경관은 두 사람을 이상하다는 듯이 쳐다보고 있었다.

p.31 말할 필요도 없겠지만…" 하고 우산 주인이 말을 꺼냈다. "다시 말해서…그… 이런 실수는 자주 있는 일이라…나는…만약 그게 당신 우산이라면 용서를 해주셨으면 하는데…실은 오늘 아침 즈음, 어떤 레스토랑에서 주운 것이라서요…혹시 당신 우산이라면…그…모쪼록 용서를…"

"물론 내 것이오." 소피는 심술궂게 말했다.

우산의 전 주인은 달아났다. 경관은 연회용 외투를 몸에 감은 키 큰 금발 부인이 있는 곳으로 달려가서 두 블록 정도 앞쪽에서 다가오는 전철 앞에서 도로를 가로질러 가는 것을 도와주었다.

p.32 소피는 도로공사로 파헤쳐진 거리를 동쪽으로 걸어갔다. 화가 난 나머지 우산을 공사 중인 구멍 속으로 던져 넣었다. 헬멧을 쓰고 경찰봉을 든 남자들의 험담을 투덜투덜 중얼거렸다. 이쪽은 붙잡히고 싶어 하는데 어쩐지 상대방은 그에 대해서 무슨 짓을 한다 해도 죄가 되지 않는 왕이나 그 무엇쯤으로 여기고 있는 듯하다.

마침내 소피는 거리의 불빛도 소음도 거의 없는 동쪽에서 나 있는 큰길 중 하나에 이르렀다. 그곳에서부터 매디슨 스퀘어 쪽으로 얼굴을 돌렸다. 귀소본능은 비록 그 집이 공원 벤치라 할지언정 아직도 사라지지 않았던 것이다.

그렇지만 묘하게 조용한 거리에서 소피는 갑자기 멈춰 섰다. 거기에 약간 색다른, 불규칙적인 구조의,

p.33 박공이 있는 고풍스러운 교회가 서 있었다. 짙은 보라색의 스테인드글라스 창문 너머로 부드러운 불빛이 반짝이고 있었다. 아마도 오르간 반주자가 다음 일요일의 찬송가를 확실하게 연주할 수 있을지 어떨지를 확인하기 위해서 건반을 만지작거리고 있을 게다. 아름다운 음악 소리가 소피의 귀에 흘러 들어와서 그의 마음을 사로잡아 소용돌이 모양의 철책 근처에 못 박히게 해 버렸다.

달은 중천에 떠 밝게 빛나고 차도 보행자도 거의 없었다. 참새가 처마 끝에서 졸린 듯이 지저귀고 있었다. — 잠시 동안 주변은 교회가 있는 시골 풍경을 떠올리게 했다. 오르간이 연주하는 찬송가는 소피를 철책에 찰싹 들러붙게 만들어 버렸다. 그의 생활

속에 어머니, 장미, 야심, 친구, 더러움 없는 사고, 순백의 색깔 같은 것들이 아직 남아 있었던 시절, 자주 들어서 알고 있던 찬송가였던 것이다.

p.34 민감해진 그의 기분과 오래된 교회의 감화력이 결합되어 돌연 소피의 영혼에 깜짝 놀랄 만한 변화를 불러일으켰다. 자신이 빠져 버린 깊은 구멍, 자신의 존재를 형성하는 타락한 나날들, 비열한 욕망, 죽음과 같은 허망한 희망, 쓸모없어진 재능, 저속한 동기 따위를 쭈뼛거리며 재빠르게 되돌아보았다.

그러자 순식간에 그의 마음은, 이 새로운 기분에 감응하면서 떨렸다. 강한 충동이 즉시 그를 절망적인 운명과 싸우게 만들었다. 나 자신을 진흙탕에서 끌어내자. 다시 한번 성실한 사람이 되는 거야. 나 자신에게 들러붙어 있는 악을 무찌르자. 아직 늦지 않았어. 나는 아직 비교적 젊잖아. 옛날의 진지한 야심을 다시 한번 되살려서 비틀거리지 않고 그걸 향해 나아

p.35 가자. 저 엄숙하고 아름다운 오르간의 음조가, 그의 마음에 혁명을 일으킨 것이었다. 내일은 시끌벅적한 시장통으로 나가서 일을 찾아보자. 예전에 어느 모피 수입상이 운전수가 되면 어떤가 하고 권한 적이 있었다. 내일 그 사람을 만나 일을 부탁해 보자. 나도 어엿한 한 사람 몫을 하는 인간이 되자. 나라고—.

별안간 누군가의 손이 자신의 팔을 붙잡는 것을 느꼈다. 돌아보니 명백하게 경관의 얼굴이 있었다.

"이런 곳에서 뭘 하고 있지?"라고 경관이 물었다.

"아무것도요." 소피가 대답했다.

"어쨌든 함께 가자고."라고 경관은 말했다.

"금고 3개월." 다음날 아침, 경범죄 재판소에서 치안판사가 언도했다.

(The Cop and the Anthem)

赤い酋長の身代金 붉은 추장의 몸값

p.36 꽤 괜찮은 이야기라고 생각했었지. 알았네, 기다려보게, 이제부터 이야기할 테니까. 이 유괴 사건을 생각해 낸 건, 우리가—나와 빌 드리스콜이— 남부 앨라배마에 가 있던 때였지. 나중에 빌이 말했던 것처럼 완전히 '갑자기 얼떨결에 나쁜 마음이 들었다' 라는 거야. 그렇지만 그걸 깨달았을 때에는 이미 기차는 떠나버렸더라고.

p.37 앨라배마에 핫케이크처럼 평평한 마을이 있었어. 이름만은 그럴싸하게 '서미트'라고 불리고 있었지만 말이야. 이곳 주민들이란 모두들 시골뜨기지만 오월제에 춤추러 모여들 법한 매우 순한 얼굴을 한, 사람 좋은 무리들뿐이었지.

빌이랑 나는 둘이 합쳐서 6백 달러쯤 되는 자본을 갖고 있었는데 서부 일리노이 부근에서 토지 알선 사기로 한몫 잡으려면 앞으로 무슨 짓을 해서라도 2천 달러는 더 필요했어. 여인숙 현관 계단에 앉아서 우리는 의논했지. 이렇게 반쯤 시골이나 마찬가지인 마을에서는 아이를 귀여워하는 마음이 유달리 강하다는 얘기가 나오자 그런 연유에서—아니, 그 외에도 이유는 있었지만— 아이를 유괴하는 것 또한 그럭저럭 괜찮은 발상이 아닐까, 하는 이야기로 이어졌지. 이 주변은

p.38 탐방기자를 보내서 사건의 소문을 선동해 댈 것 같은 신문사의 세력이 미치지 않는 땅이니까 틀림없이 잘 풀리겠지. 서미트 마을이라면 기껏해야 순경 아니면 얼빠진 경찰견으로 하여금 우리를 추적하게 하든지, 그도 아니라면 〈주간농업〉에서 한두 번, 따끔하게 비난 섞인 공격을 하는 정도일 거라고 우리는 알 만큼은 다 알고 있었어. 그러니까 이것은 괜찮은 이야기라 생각했단 말이야.

우리는 에브네자 도세트라는 마을 유지의 외아들을 표적으로 삼았어. 그 애의 아비는 상당한 유력자였는데 구두쇠인데다 고리대금업까지 하고 있었지. 교회 헌금도 한 푼도 안 내고 저당을 잡았다 하면 바로 넘겨 버리는

p.39 남자였지. 자식놈은 열 살로 도돌도돌 주근깨가 돋아 있고 머리카락은 기차를 기다리는 사이에 매점에서 파는 잡지 표지 같은 색이더라고. 그 에브네자 정도라면 온전히 2천 달러의 몸값을 틀림없이 낼 것이라고 빌과 나는 생각했었던 거야. 뭐 기다려 봐, 이제 말할 거니까.

서미트에서 2마일 정도 되는 곳에 온통 삼목으로 무성한 작은 산이 있더군. 이 산 뒤쪽 약간 높은 곳에 동굴이 있었어. 그곳에 우린 식량을 비축해 놨지.

어느 날 저녁 무렵 해가 진 다음에 우린 말 한 마리가 끄는 마차를 몰아서 도세트 영감네 집 앞을 지나갔어. 자식놈은 길에 나와서 맞은편 담 위에 있는 새끼 고양이한테 돌을 던지고 있더라고.

"어이, 꼬마야!" 빌이 말을 걸었지. "사탕 사줄 테니까 마차에 타지 않을래?"

p.40 녀석은 벽돌 조각을 들어 빌의 바로 눈언저리에 명중시켰어.

"이걸로 그 노친네한테 5백 달러는 더 빼앗아낼 테다."

마차 바퀴에 발을 걸치고는 마차에 올라타면서 빌이 말했지.

남자 애는 웰터급 흑곰처럼 날뛰었지만 결국 우리는 그 녀석을 마차 바닥에 밀어 넣고는 마차를 몰았어. 동굴까지 데리고 와서 나는 삼목으로 무성한 곳에 말을 묶었지. 어두워진 다음에서야 나는 마차를 빌려온 3마일 떨어진 작은 마을로 가서 그걸 돌려주러 갔다가 걸어서 산으로 돌아왔어.

빌은 얼굴에 난 온통 할퀸 상처와 타박상에 반창고를 붙이고 있던 중이었지. 동굴 입구의 커다란 바위 뒤에 모닥불이 피워져 있고,

p.41 아이는 빨간 머리에 대머리독수리의 꽁지 깃털을 두 개 꽂고는 펄펄 끓어오르는 커피포트를 꼼짝 않고 바라보고 있더라고. 내가 다가가자 고 녀석, 막대기를 들이대면서 떠들어대는 거야.

"야! 이 천벌을 받을 백인놈아! 이 대평원에서 우는 아이도 울음을 뚝 그칠 붉은 추장님의 진지에, 네놈은 인사도 없이 들어올 셈이냐?"

"이 녀석, 완전히 신이 난 꼴이라니." 바지를 걷어 올리고는 드러난 정강이의 타박상을 살펴보면서 빌이 말하더라고. "인디언 놀이 상대를 해주던 참이었어. 버펄로 빌 시늉이라고 해도 이 자식한테 비하면

p.42 마을 공회당에서 하는 환등기로 비추는 팔레스타인의 풍경 정도로밖에 안 보일 거야. 나는 덫으로 새나 짐승을 잡는 사냥꾼 올드 행크인데 붉은 추장의 포로가 되어 내일 새벽녘이면 머리껍질이 홀라당 벗겨질 거라나. 거 참! 이 꼬마 녀석한테 차여 보라고, 완전히 정나미가 떨어질 거야."

정말로 아이는 완전히 기세등등해진 모양이야. 동굴에서 캠프를 하는 게 즐거우니까 자기가 인질로 잡혀 온 사실조차 잊어버리고 있었던 거지. 그놈은 당장 나한테 '스네이크 아이'라는 스파이의 이름을 지어주더니 그동안 부하들이 전쟁터에서 돌아오기만 하면 해가 뜨는 동시에 나를 화형시킨다면서 아주 선언을 하더군.

그런 다음, 우리는 저녁을 먹기 시작했어. 그놈은 베이컨이랑 빵이랑 고기국물을 입 안 가득 쑤셔 넣더니 지껄여대기 시작하더라고. 식사 도중에 지껄인 얘기란, 대략 뭐 이런 식이었어.

p.44 "나, 이런 거 무지 좋아해. 왜냐면 밖에서 야영해본 적이 없거든. 그치만 주머니쥐를 잡아서 귀여워해준 적은 있어. 나 요전 생일로 아홉 살이 됐거든! 학교에 가는 것 따윈 진절머리가 나. 쥐가 말이지, 지미 탤벗 아줌마네 계란을 열여섯 개나 먹어치워 버렸어. 이 숲속에 진짜 인디언이 있을까? 고기국물을 좀 더 줘. 나무가 움직이니까 바람이 부는 거겠지? 우리 집에는 예전에 강아지가 다섯 마리나 있었어. 행크, 네 코는 왜 그렇게 빨간 거야? 우리 아버지는 부자야. 별님은 뜨거울까? 나 말이지, 토요일에 에드 워커를 두 번씩이나 두들겨 패줬지. 기집애들이란 싫어. 너희들, 노끈을 쓰지 않으면 두꺼비를 잡을 수 없을 걸? 황소도 울까? 오렌지는 어째서 둥글지? 이 동굴에는 침대는 있는 거야? 에이모스 마리의 발가락은 여섯 개야. 앵무새는 말할 수 있지만

p.45 원숭이나 물고기는 말하지 못하나봐. 얼마랑 얼마를 더해야지 열둘이 되는지 알아?"

몇 분마다 한 번씩 그놈은 자기가 무척 경계심 많은 인디언임을 떠올리고는 막대기 총을 집어 들더니 동굴 입구로 살그머니 다가가서 밉살스러운 백인 정찰대는 없는지 목을 길게 뺐지. 가끔씩 인디언 소리를 질러대서 올가미 사냥꾼 올드 행크를 벌벌 떨게 만들었어. 그놈은 처음부터 빌을 깜짝 놀래키고 말았어.

"붉은 추장" 하고 나는 놈한테 물었지. "집으로 돌아가고 싶진 않니?"

"흥! 어째서요?" 하고 놈은 주둥이를 나불거리더라고. "집은 재미 하나도 없어. 나는 학교에 가는 게 너무 싫거든. 이렇게 캠프하는 게 훨씬 좋아. 스네이크 아이, 너 날 집으로 돌려보내는 짓은 하지 않겠지?"

p.46 "지금 당장은 돌려보내지 않아." 하고 내가 말했어. "아직 좀 더 이 동굴에 있어야 해."

"좋고말고." 하고 놈은 말했지. "그거 좋아. 이렇게 재미있는 건 태어나서 처음이야."

우리는 11시쯤 잠이 들었어. 널찍한 모포와 이불을 몇 장인가 펼쳐서는 붉은 추장을 한가운데에 끼워 넣고 잠들었어. 놈이 도망칠 기미는 없었어. 녀석은 우리를 세 시간이나 재워주질 않더라고. 벌떡 일어나더니 그놈의 총을 손에 들고서는 나와 빌의 귓가에다가 녀석이 "쉿, 형제!"하며 새된 목소리로 소리를 질러댔어. 잔가지가 탁 하면서 울

리거나 나뭇잎이 바스락바스락 소리를 내는 것 같은 기분이 들 때마다 놈은 어린애다운 상상을 부풀려서는 무법자 일당이 몰래 잠입했노라고 철석같이 믿는 거야. 그런 식으로 방해를 받아가면서도 가까스로 꾸벅꾸벅 졸다 보니, 이번에는 내가

p.47 붉은 털로 뒤덮인 험상궂은 해적한테 유괴당해서 나무에 꽁꽁 묶이는 꿈을 꾸는 지경이었지.

마침 새벽녘 즈음, 빌이 숨넘어갈 만큼 엄청난 기세로 비명을 질러대서 눈을 떴지. 그건 고함소리도 비명소리도 울부짖음도 새된 소리도 아니라, 도무지 남자의 발성기관에서 나오리라고는 상상조차 못할 것 같은 목소리야. —그건 마치 여자가 유령이나 징그러운 벌레를 보았을 때에 쥐어짜내는 듯한, 참으로 꼴사납고 겁에 질려 딱할 만큼 비참한 비명이었지. 새벽녘 동굴 속에서 다부지고 무모하며 살집 좋은 남자가 쉴 새 없이 비명을 질러대는 걸 들어야 할 정도로 기분이 찜찜해지는 일은 없어.

p.48 무슨 일이 일어났나 하고 나는 자리에서 벌떡 일어나 보았지. 붉은 추장이 빌의 가슴을 타고 앉아 한쪽 손으로 빌의 머리카락을 움켜잡고 있는 거야. 놈의 다른 한 손에는 베이컨을 자르는데 쓰는 날카로운 칼이 쥐어져 있었어. 전날 밤에 선포한 대로 빌의 머리가죽을 진짜로 벗겨낼 속셈이더라고.

나는 놈의 손에서 칼을 낚아채고는 다시 재우려고 했어. 하지만 그런 일이 터진 직후라서 그런지, 빌은 완전히 축 늘어지고 말았어. 잠자리였던 원래 자리에 눕기는 했지만 그놈이 곁에 있는 한, 두 번 다시 눈을 감고 잠들려고 하지 않는 거야. 나는 얼마 동안 꾸벅꾸벅 졸았는데, 날이 밝아오기 시작하자 붉은 추장이 일출과 함께 나를 화형시켜 버리겠다고 한 말이 떠오르더라고. 별로 겁이 나서 벌벌 떨거나 무섭거나 한 건 아니었네만 아무튼 나는 일어나서 파이프에 불을 붙이고는 바위에 기대앉았어.

p.49 "샘, 왜 그렇게 빨리 일어났어?" 하고 빌이 묻더군.

"나 말이야?" 하고 내가 대답했지. "그게, 어깻죽지가 쬐금 쑤셔서. 일어나 앉으면 편해질까 해서."

"거짓말 말아!" 하고 빌이 말하더군. "너 불안한 거겠지. 일출과 동시에 화형당할 거라는 말을 들었으니 진짜 당하지는 않을까 하고 불안해진 거야. 정말로 저 녀석 성냥을 발견하면 저지를지도 몰라. 엄청난 일이 터지고 말았어, 샘. 이런 장난꾸러기 녀석을 데려가려고 돈을 지불할 놈이 있으리라 생각하는 거야?"

"그야, 있고말고."라고 나는 대답했지. "이런 장난꾸러기 녀석이야말로 남들보다

더 부모한테 귀여움을 받는다고. 자아, 너도 추장이랑 일어나서 아침식사 준비를 해줘. 그동안에 나는 이 산꼭대기에 올라가 둘러보고 올게."

p.50 나는 그 작은 산 정상에 올라가 눈에 보이는 곳은 몽땅 근처 일대를 둘러보았지. 서미트 마을 쪽은 풀 베는 낫이나 갈퀴로 무장한 힘센 마을 농민들이 비열한 유괴범을 쫓아서 부근을 샅샅이 뒤지면서 다니는 모습이 보일 것이라 생각했었지. 그러나 보이는 것이라고는 한 남자가 짙은 밤색의 노새를 부리면서 밭을 경작하는 한가로운 풍경뿐이었어. 시냇물 바닥을 파내고 있는 사람도 없었고 넋이 반쯤 나간 부모한테 아무런 단서도 없다는 통지서를 들고 뛰어드는 심부름꾼의 모습도 보이지 않더라고. 내 눈앞에 펼쳐진, 눈에 보이는 앨라배마의 표면 그 부분에는 쥐죽은 듯 나른한 졸음이 펼쳐져 있을 뿐이었어. '아무래도.' 하고 나는 마음속으로 생각했지. "승냥이 떼들이 울타리 안에서

p.51 귀여운 새끼 양을 채갔다는 사실을 아직 눈치 채지 못했나 보군. 신이시여, 승냥이 떼에게 은총을 내려주시옵소서!" 이렇게 말하고 아침 식사를 먹으러 산을 내려왔어.

동굴로 되돌아오니 빌은 동굴 벽에 찰싹 달라붙어서 가쁜 숨을 몰아쉬고 있더라고. 애송이는 야자 열매 반쯤이나 되는 커다란 돌을 빌을 향해 내던지려고 자세를 취하고 있었지.

"이놈이 글쎄, 새빨갛게 달아오른 감자를 내 등에다 냅다 던져 버리는 거야." 하고 빌이 설명했어. "게다가 발로 그걸 짓뭉개 버리는 거야. 내가 뺨을 갈겨주었지. 자네, 총 갖고 있나, 샘?"

p.52 나는 그놈 손에서 돌을 비틀어 빼내고는 겨우 그 자리를 진정시켰어. "언젠가 두고보자고." 하며 녀석은 빌에게 악다구니를 써댔어. "붉은 추장을 후려친 놈은 보복을 당하지 않고는 살아남을 수 없으니깐 말이지. 기억해 두라고."

아침밥을 먹어 치우자 놈은 주머니에서 끈으로 칭칭 동여맨 가죽 한 장을 꺼내더니 그 끈을 풀면서 동굴 밖으로 나갔어.

"이번엔 무슨 짓을 저지를 작정일까?" 하고 걱정스러운 듯이 빌이 말했지. "저놈, 설마 도망가는 건 아니겠지, 안 그래, 샘?"

"그런 기색은 보이지 않던데." 하고 나는 말했어. "집을 별로 그리워하는 성격은 아닌 모양이니까. 그건 그렇고

p.53 몸값에 대한 계획을 세워두지 않으면 안 되겠어. 녀석이 없어졌다는 사실로 서미트 마을에서는 별로 술렁거리는 기척은 없더라고. 아무래도 녀석이 없어졌다는 사실을 아직 눈치 채지 못하는 모양인 거야. 가족들은 녀석이 어젯밤에는 제인 아줌마네나 이웃집에서라도 묵었다는 정도로 생각하고 있겠지. 아무래도 오늘 중으로는 없어졌다는 사실을 알아 채겠지. 오늘밤, 녀석과 교환하는 조건으로 2천 달러를 내놓으라고 아비한테 편지를 써야만 해."

마침 그때, 다윗이 투사 골리앗을 쓰러뜨렸을 때에 내지른 환성을 떠올리게 하는 듯한 부르짖음이 들려왔어. 붉은 추장이 주머니에서 꺼낸 것은 장난감 고무총이었어. 녀석은 그걸 머리 위에서 붕붕거리며 휘두르고 있더라고.

p.54 나는 몸을 피했지만, 쿠웅 하고 무직한 소리가 들리더니 안장을 벗겨낼 때에 말이 내는 듯한, 일종의 한숨소리 같은 걸 빌이 내뱉는 것이 들려왔어. 흑인 머리 같은 계란만 한 돌이 빌의 왼쪽 귀 뒤쪽을 명중시킨 거야. 빌은 완전히 뻗어버려 접시를 씻을 물을 끓여 놓은 플라이팬을 뒤집어쓰기라도 하듯이 불 속으로 넘어졌어. 나는 빌을 끄집어내어서는 반 시간 동안 차가운 물을 머리에서부터 마구 끼얹어줬지.

얼마 안 있어 빌은 일어났어. 그리고 귀 뒤쪽을 만져 보면서 말하더군. "샘, 성서 속에서 내가 좋아하는 인물이 누군지 알아?"

"자아, 진정해." 하고 나는 말했어. "금방 좋아질 테니까."

p.55 "헤롯 왕이야." 하고 그가 말하더군. "이봐, 샘, 나를 여기다 남겨 두고 가 버리는 짓은 하지 않을 테지?"

나는 바깥으로 나와 녀석을 붙잡아 놈의 주근깨가 덜걱덜걱 울릴 때까지 사정없이 흔들어주었어.

"얌전히 있지 않으면 곧장 집으로 돌려보낼 테다. 자, 어쩔 거야, 얌전히 있을 거야, 망나니짓을 할 거야?" 하고 내가 말했지.

"난 그저 약간 장난을 쳐본 것뿐이에요." 하고 녀석은 부루퉁해서 말하더군. "올드 행크한테 상처를 입힐 생각은 없었다고요. 하지만 왜 아저씨는 절 때렸을까요? 있잖아요, 스네이크 아이, 나를 집으로 돌려보내지 않는다면 얌전하게 있을게요. 그리고 오늘, 블랙 스카우트 놀이를 하게 해주면 말이죠."

p.56 "그런 놀이, 나는 몰라." 하고 내가 말했어. "네놈이랑 빌 아저씨랑 해. 오늘은

저 아저씨랑 노는 거야. 나는 일 때문에 좀 다녀올 테니까. 자아, 안으로 들어가서 아저씨랑 화해해라. 상처를 입혀서 죄송하다고 사과하는 거야. 그렇지 않으면 곧 바로 집으로 돌려보내 버릴 테니까."

나는 녀석과 빌을 악수 시키고, 그런 다음 빌을 옆으로 데리고 가서, 이 동굴에서 3마일 정도 떨어진 포플러 글로브라는 작은 마을로 가서 유괴사건이 서미트에서 어떤 식으로 받아들여지고 있는지 가능한 조사하고 올게라고 말했어. 더욱이 오늘 중으로 도세트 영감한테 몸값을 요구하고 그 지불방법을 지시한 불문곡직의 편지를 보내는 게 상책이라고 생각하고 있었지.

p.57 "이봐, 샘." 하고 빌이 말했어. "지금까지 나는 지진이든 화재든 홍수든 도박이든 다이너마이트가 폭발하든 경찰의 단속이든 열차강도든 태풍이든, 어떠한 때에도 눈 한 번 깜빡하지 않고 널 도왔어. 저 두 발 달린, 쏘아올린 불꽃같은 어린 놈을 낚아채오기까지 나는 조금도 겁을 먹었던 적 따위 없었어. 그치만 그놈한테는 질렸어. 샘, 너무 오랫동안 날 그놈과 둘이서만 남겨 두지 말아줘."

"점심 지나서는 돌아올 거야." 하고 내가 말했지. "내가 돌아올 때까지 저놈이 얌전해질 때까지 놀게 해주는 거야. 그럼, 도세트 영감한테 편지를 쓰자고."

p.59 빌과 나는 종이와 연필을 꺼내어 편지를 쓰기 시작했는데 그러는 사이에 붉은 추장은 모포를 몸에 둘둘 감고 동굴 입구를 왔다갔다하면서 망을 보고 있더군. 빌은 몸값을 2천 달러가 아니라 천5백 달러로 낮추자면서 금방 울음이라도 터뜨릴 기세로 내게 부탁했어. "부모의 애정이라는 누구나 알고 있는 도덕현상을 트집 잡을 마음은 털끝만큼도 없지만 말이야." 하고 녀석은 말했지. "아무튼 상대도 사람인데, 저 주근깨투성이의 들고양이 같은, 40파운드밖에 안 되는 놈을 갖고 2천 달러나 달라는 건 아무리 생각해봐도 인간적이지 않잖은가. 나는 천5백 달러로 정해보고 싶어. 차액은 내가 부담해도 괜찮으니까 말이야."

그래서 빌을 안심시키기 위해 나는 승낙했지. 그리고는 다음과 같은 편지를 두 사람이 힘을 합해 완성시켰어.

p.60 에브네자 도세트 님

우리는 당신의 아드님을 서미트에서 멀리 떨어진 어떤 장소에 숨겨 두고 있다. 당신이든 아니면 최고의 수완을 지닌 탐정이든 아드님을 발견하려고 노력하셔도 그건 쓸모없는 일이다. 아드님을 되찾을 수 있는 유일한 조건은 다음과 같다. — 우리는 아드님을 돌려드리는 데에 고액지폐로 천5백 달러를 요구한다. 이 금액은 오늘밤, 당신의 회신과 동일 지점, 동일 상자 — 이것은 아래에 기록한다 — 에 넣어둘 것. 이 조건을 승낙하신다면 오늘밤 8시 반에 그 답장을 문서화해서 단 한 명의 심부름꾼이 전달해 주기 바란다. 포플러 글로브로 가는 길에서 아울 크리크를 지나면 오른쪽 보리밭 울타리 근처에 약 백 야드 간격으로 세 그루의 큰 나무가 있다. 그 세 번째

p.61 나무 맞은편 울타리 말뚝 밑동에 작은 판지상자가 있을 것이다.

심부름꾼은 그 상자 안에 회신을 넣고 곧장 서미트로 되돌아갈 것.

만약 당신이 배신을 꾀하거나 또는 위의 요구에 응하지 않을 경우, 당신은 두 번 다시 아드님을 볼 일이 없을 것이다.

만약 요구대로 금액을 지불할 경우, 아드님은 3시간 이내에 안전하게 당신 곁으로 돌려보낼 것이다. 이들 조건은 최후통첩이며 만일 이에 응하지 않을 경우에는 이후 연락은 일체 이루어지지 못한다는 것으로 알고 있길 바란다.

죽음을 두려워 않는 두 사람으로부터

p.62 나는 이 편지에 도세트의 주소를 쓰고 호주머니에 넣었지. 나가려고 하자 녀석이 곁으로 다가오더니 이렇게 묻더라고.

"이봐, 스네이크 아이, 자네가 자리를 비우는 사이에 블랙 스카우트 놀이를 해도 좋다고 그랬었지?"

"물론, 좋고말고." 하고 나는 말했어. "빌 아저씨가 상대를 해줄 거야. 그런데 대체 그건 어떤 놀이지?"

"내가 블랙 스카우트가 되는 거야." 하고 붉은 추장이 말했어. "인디언이 습격하러 온다는 사실을 알리기 위해 개척마을의 방어 울타리까지 나는 말을 달려야만 돼. 나 인디언 놀이는 이제 질렸어. 블랙 스카우트가 되고 싶단 말이야."

"좋아, 알았어." 하고 내가 말했어. "그 정도라면 별다른 피해도 없을 것 같군. 그 만만찮은 야만인놈들의 의표를 찌르는 작전에 대해선 빌 아저씨가 손을 빌려줄 거야."

p.63 "내가 뭘 한다고?" 하고 미심쩍은 듯이 녀석을 보면서 빌이 묻더군.

"넌 말이야." 하고 블랙 스카우트가 말했어. "손과 무릎을 바닥에 대고 엎드리는 거야. 말이 없으면 방어 울타리까지 달려갈 수가 없지 않겠어?"

"계획이 실현될 기미가 보일 때까지는 녀석을 즐겁게 해주는 게 좋을 거야." 하고 내가 말했지. "뭐, 마음을 편히 갖고 놀아줘."

빌은 엎드렸어. 그는 덫에 걸린 토끼 같은 눈을 하고 있더라고.

"방어 울타리까지 거리가 어느 정도니, 얘야?" 하고 쉰 목소리로 빌이 물었어.

"9마일." 하고 블랙 스카우트가 말했지. "죽어라고 달리지 않으면 제시간에 못닿아. 자아, 달리는 거야."

블랙 스카우트는 빌의 등에 뛰어올라타더니 그의 옆구리를 뒤꿈치로 마구 차댔어.

p.64 "제발." 하고 빌이 말했어. "가능한 빨리 돌아와 줘, 샘. 몸값을 천 달러 이상으로 하지 않는 게 좋을 뻔 했어. 이봐, 차는 건 그만둬. 그만두지 않으면 일어나서 실컷 두들겨 패줄 거야."

나는 걸어서 포플러 글로브까지 가서 우체국을 겸하고 있는 잡화점에 죽치고 앉아서 물건을 팔러 그곳에 오는 마을 농사꾼들과 수다를 떨었지. 수염을 잔뜩 기른 남자 하나가 에브네자 도세트 어르신의 아드님이 미아가 되었는지, 유괴를 당했는지 해서 서미트 마을은 발칵 뒤집혀졌다고 했어. 내가 알고 싶었던 건 그것이니까 난 담배를 사서 아무 일도 없는 듯이 완두콩 가격을 묻는 척하면서 편지를 남몰래 우체통에 넣고 그곳을 나왔어. 우체국장은 한 시간쯤 있으면 서미트행 우편을 가지러 집배원이 올 것이라고 말하더라고.

p.65 동굴로 돌아오자 빌과 녀석의 모습이 보이지 않았어. 나는 동굴 부근을 찾아보다가 한두 번 위험을 무릅쓰고 요들송을 소리쳐 불러보았지만 아무런 대답도 들리지 않았어.

그래서 파이프에 불을 붙이고는 이끼투성이의 제방에 걸터앉아 일이 어떻게 되어가는지 지켜보기로 했지.

30분 정도 지나자 관목들을 바스락바스락 헤치면서 빌이 동굴 앞의 작은 공터로 비틀거리며 나오는 것이야. 뒤에서는 녀석이 얼굴 전체가 엉망인 채로 웃으면서 척후병처럼 발소리를 죽여가면서 걸어오더라고. 빌은 걸음을 멈추더니 모자를 벗고 붉은 손수건으로 얼굴을 닦았어. 녀석은 빌의 8피트 뒤에서 멈춰 섰고.

p.66 "샘." 하고 빌이 말했어. "자네는 날 배신자라고 여길지도 모르겠네만 정말로 어쩔 수가 없었어. 이래봬도 나도, 완전한 성인 남자라고. 남자로서의 오기도 갖고 있어. 남한테 짓밟히면 입 다물고 물러서는 성질이 아니지만, 그렇지만 인간이란 게 오기도 의욕도 없어질 때가 있는 법이야. 녀석은 가버렸어. 내가 집에 돌려보내 버렸지. 이것으로 전부 완전히 끝이야." 빌은 말을 이었어. "옛날 순교자들 중에는 자기가 손에

넣은 특별한 이득을 포기할 정도라면 죽는 편이 낫다는 둥 지껄이는 녀석이 있지만 그들 역시 내가 받은 것 같은 초자연적인 형벌에 맞닥뜨린 적은 없을 테지. 나 역시 그 약탈품한테는 가능한 충실하려고 마음먹었지만 세상만사 한도라는 게 있잖겠어?"

p.67 "무슨 짓을 당한거야, 빌?" 하고 내가 물어보았지.

"나는 1인치도 남김없이 방어 울타리까지 정확히 9마일을 말이 되어 달려갔었어." 하고 빌이 말했어. "그런 다음, 개척자들이 무사히 구출되자 귀리를 먹어야만 했어. 게다가 그 대용품이 모래일 때는 도저히 먹을 수 있는 게 아니었어. 그 후 장장 한 시간에 걸쳐서 나는 그놈한테 어째서 구멍 속은 텅 비어 있는지 라든지, 어째서 길은 좌우로 뻗어 있는가 라든지, 어떤 까닭으로 인해 풀은 초록색인지 일일이 설명해주지 않으면 안 되었어. 이봐, 샘, 사람이라면 인내심도 그 정도면 이제 한계이지 않을까? 나는 녀석의 목덜미를 움켜쥐고 산에서 끌고 내려왔지.

p.68 그 도중에도 녀석은 내 정강이를 마구 걷어차더라고. 덕분에 무릎 아래쪽은 멍투성이가 되어 버렸고 엄지손가락과 손은 두 번이고 세 번이고 물리는 바람에 지릿거리며 부풀어오르더라고.

"그렇지만 그놈은 이제 없어."—하고 빌은 말을 이었어.—"집으로 돌아가 버렸어. 나는 서미트 마을로 가는 길을 가르쳐주고 나서 한 방 먹이고는 8피트 정도 마을 쪽으로 같이 가주었지. 몸값이 허사가 된 일은 유감이지만 그렇게라도 하지 않았더라면 이 몸, 빌 드리스콜은 정신병원 신세를 지게 되었을 거야."

빌은 하아하아 숨을 헐떡이고 있었지만 이제는 장밋빛으로 상기된 그 얼굴에는 말로 형언할 수 없는 안도감과 점차 더해지는 만족감이 있었어.

"빌." 하고 나는 말했지. "자네 혈통에서 심장병은 없겠지, 응?"

p.69 "없지." 하고 빌이 대답했어. "말라리아와 사고를 제외하고 지병은 없어. 왜 그러는데?"

"그렇다면 오른쪽으로 돌아봐." 하고 내가 말했어. "뒤를 돌아봐."

빌은 뒤돌아 놈을 발견하자마자 안색을 싹 바꾸며 땅바닥에 쿵 하고 엉덩방아를 찧더니 주변의 풀이랑 잔가지를 마구 잡아뽑기 시작했어. 한 시간쯤 지나자, 나는 녀석의 정신이 이상해진 것은 아닐까 걱정이 되었지. 그런 다음, 나는 예의 계획을 즉시 실행에 옮겨서 도세트 영감이 이쪽의 제의에 응한다면 몸값을 움켜쥐고 한밤중까지는 달아날 작정이라고 빌한테 말했어. 그제서야 빌 역시 겨우 기운을 되찾고는 녀석한테 힘없는 미소를 던지면서 좀 더 기분이 좋아진다면 러일전쟁 놀이를 할 때 러시아 병사가 되어주마 약속했어.

p.70 나는 계획의 의표를 찔러서 붙잡힐 위험을 무릅쓸 필요 없이 몸값을 손에 넣는다는, 본업의 유괴범들조차 깜짝 놀랄 만한 계획을 갖고 있었어. 답장을 — 그 후에는 돈이 — 밑둥에 놓아두기로 되어 있는 나무는, 길가 울타리 옆으로 뻗어나가 있는데 그 주위 사방은 아무것도 없는 널따란 들판이었어. 그러니까 경관 한 부대가 편지를 가지러 오는 사람을 지켜보고 있다고 가정한다면 들판을 가로질러 오든지 도로를 통과해 오든지 손쉽게 멀리서부터 한눈에 내다볼 수 있을 테지. 하지만 누가 그 수에 당할소냐. 8시 반쯤 되자 나는 얼른 그 나무 위에 청개구리처럼 능숙하게 몸을 숨기고는 심부름꾼이 오기를 기다리고 있었다는 말이야.

p.71 시간에 딱 맞춰서 반쯤 이제 막 어른 티가 나기 시작한 소년이 자전거를 타고 길을 와서 울타리 밑둥 뿌리 부근에 판지상자를 발견하자 접은 종이조각을 그 안에 던져 넣더니 서미트 쪽으로 패달을 밟아 되돌아갔어.

나는 한 시간 정도 기다린 다음에 이제는 괜찮다고 판단했어. 나무에서 미끄러져 내려와 편지를 꺼내고 울타리를 따라서 남몰래 숲까지 어떻게든 당도해 그런 다음 30분 정도 시간이 걸려 동굴로 되돌아왔어. 편지를 뜯어 칸델라 옆으로 갖고 가서 빌에게 읽어주었어. 펜글씨의 읽기 어려운 필적이라서 내용은 간추려서 이야기하자면 다음과 같은 것이었어.—

p.72 죽음을 두려워 않는 두 분께

배계 오늘 우편으로 아들놈의 반환에 대해서 요구하신 몸값에 관한 귀하의 편지를 틀림없이 받았습니다. 귀하의 요구는 다소 넘치는 고액이 아닌지 사료되는 까닭에 제 쪽에서 반대로 제안을 드리겠습니다. 아마도 수락해 주시리라 믿습니다. 귀하가 조니를 누추한 제 집으로 데리고 오셔서 현금으로 250달러를 지불해 주신다면 그 아이를 당신에게서 인수하는 데에 동의합니다. 오시기에는 한밤중이 좋으시지 않을까 사료됩니다. 이렇게 말씀드리는 까닭은 이웃 사람들이 이미 자식놈은 행방불명이 되었다고 믿고 있어서 자식놈을 데리고 오는 사람이 눈에 띌 때에는 그 사람에게 어떤 짓을 하게 될지, 저로서는 책임을 지기 힘들기 때문입니다.

경백

에브네자 도세트

p.73 "몹쓸 악당놈 같으니라고!" 하고 내가 말했지. "뻔뻔스럽게 이런 말을 잘도 떠들어댔겠다 —."

하지만 빌을 슬쩍 쳐다보고는 나는 망설였지. 벙어리나 표정이 풍부한 동물에게밖에는 보이지 않을 것 같은, 참으로 처량한 눈빛을 하고 있었기 때문이었거든.

"샘." 하고 그는 말했어. "결국 250달러가 어떻다는 거야? 그 정도 돈이라면 우리도 갖고 있지 않은가? 그놈하고 또 하룻밤을 함께 지낸다면 난 틀림없이 정신병원행이라고. 도세트 씨란 사람은 훌륭한 신사일 뿐만 아니라, 이렇게 관대한 요구밖에 하지 않는 걸 보면 매우 대범한 분이지 않아? 너, 설마 이런 기회를 놓쳐 버릴 작정은 아니겠지?"

p.74 "사실을 말하자면." 하고 나는 말했다. "이 정체를 알 수 없는 애송이 때문에 나도 조금 질렸어. 이 녀석을 집으로 데려가서 몸값을 지불하고 튀자고."

그날 밤, 우리는 아이를 집으로 데려다줬어. 네놈 아버지가 은장식이 달린 총과 사슴가죽 신발을 한 켤레 사 줬거든, 그래서 내일은 모두 다 같이 곰 사냥을 하러 간다고 설득해서 겨우 데리고 간 것이네.

에브네자 저택의 현관문을 두드린 때는 정각 12시였지. 처음 계획대로라면 나무 밑동에 있는 상자에서 천5백 달러를 챙기고 있을 바로 그 시각에, 빌은 도세트의 손에 250달러를 건네주고 있었다는 뜻이지.

녀석은 우리가 놈을 집에 남겨 두고 가 버릴 것 같자, 증기오르간처럼 아우성쳐대면서 거머리처럼

p.75 빌의 다리에 들러붙어 버렸어. 영감은 반창고를 떼어내는 것처럼 녀석을 빌한테서 천천히 뜯어냈어.

"어느 정도 이 아이를 붙잡고 계실 수 있는지요?" 하고 빌이 묻더라고.

"나도 이제 예전만큼 힘이 세지 않소만." 하고 도세트 영감이 말하더군. "그럭저럭 10분쯤은 견딜 수 있을 걸세."

"충분합니다." 하고 빌이 말했지. "10분 정도면 중부나 남부나 중서부 주를 넘어서 캐나다 국경을 목표로 부리나케 달리고 있을 테니까요."

그리고는, 깜깜한 암흑 속이었지만, 게다가 빌은 뚱뚱보라서 달리기에 있어서는 나랑 비슷비슷했지만, 내가 따라잡을 때까지 서미트 마을에서 적게 잡아 1마일 반은 떨어져서야 지긋지긋해 하더라고.

(The Ransom of Red Chief)

二十年後 20년 후

p.76 방범경찰이 큰길을 거들먹거리며 걷고 있다. 거들먹거리는 건 습관적이지 과시하기 위함이 아니었다. 자세히 말하자면 그 모습을 바라보고 있는 사람이 있는 게 아니었기 때문이다. 시간은 아직 겨우 밤 10시 전후였는데 비에 섞여 불어오는 차가운 바람 때문에 길을 걷는 사람들의 모습은 거의 보이지 않았다.

p.77 다부진 체격의, 약간씩 어깨를 흔들면서 걷는 이 경관은 여러모로 소소하게 움직이면서도 능란하게 경찰봉을 빙글빙글 휘두르거나 집집마다 문단속을 점검하거나 때로는 아주 적막해진 도로에 경계하는 시선을 던지곤 했다. 그 모습은 과연 평화의 수호자 그 자체였다. 이 부근은 아침도 일찍 시작되지만 밤 역시 일찍 시작되는 지역이었다. 가끔씩 담배가게나 24시간 영업을 하는 식당의 불빛이 보이는 경우도 있지만 대부분은 사무실 문들이라 이미 오래 전에 닫혔다.

어느 거리 중간쯤까지 오자, 경찰은 갑자기 발걸음을 늦추었다. 불이 꺼진 한 철물가게 입구에, 불을 붙이지 않은 잎궐련을 입에 문 남자 한 명이 기대서 있었다. 경찰이 다가가자 그 남자는 당황하며 말을 걸어왔다.

p.78 "아무 일도 아닙니다, 순경나리." 안심시키려는 듯이 그는 말했다. "친구를 기다리고 있을 뿐입니다. 20년 전 약속인데 말입죠. 이렇게 말하면 조금 이상하게 들리겠네요. 지어낸 말이 아니라고 확인하고 싶으시다면 이야기해 드려도 상관없습니다. 꽤 오래 전의 일이 됩니다만, 지금 이 가게가 서 있는 곳에는 레스토랑이 있었습니다.— 빅 조의 브래디 레스토랑이라는 가게가 말입니다."

"그 가게라면 5년 전까지는 있었지." 경찰이 말했다. "그리고 나서 헐려 버렸다네."

입구에 있던 남자는 성냥을 그어 잎궐련에 불을 붙였다. 그 불빛에 각진 턱의 창백한 얼굴과 날카로운 눈매와 오른쪽 눈썹 근처에 작은 창상 자국이 보였다. 넥타이핀은 묘하게 색다른 방법으로 박힌 커다란 다이아몬드였다.

"20년 전 오늘 밤." 남자가 말했다. "저는 지미 웰즈와 여기 빅 조의 브래디에서 함께 밥을

p.79 먹었습죠. 지미는 저의 가장 친한 친구이자 세상에서 가장 좋은 녀석이었어요. 지미와 저는 이곳 뉴욕에서 마치 형제간처럼 자랐습니다. 제가 열여덟이고 지미는 스무살이었어요. 그 다음날 아침, 저는 한 재산을 만들어보려고 서부로 가기로 되어 있

었어요. 지미를 뉴욕에서 끌어낸다는 것은 도저히 가능한 상황이 아니었습니다. 녀석은 이곳만이 사람이 살 곳이라고 믿고 있었으니까요. 그래서 우리는 그날 밤, 약속을 했었죠. 설령 어떤 경우에 처한다 하더라도 또한 아무리 먼 곳에서 오지 않으면 안 된다 하더라도 정확히 20년 후의 이날, 이 시간에, 여기서 다시 만나자고, 말입지요. 20년이나 지나면 어떤 사람이 되어 있을지 알 수 없겠지만 우리의 운명 또한 결정되어 있을 테고 재산도 모아놓았을 터라고 생각했었기 때문에요."

p.80 "꽤 재미있는 이야기구먼." 경찰이 말했다. "하지만 재회까지의 기간이 제법 길었던 것 같군. 자네가 서부로 떠난 다음에 그 친구로부터 연락은 있었는가?"

"있었습지요. 얼마 동안은 편지 왕래가 있었습니다." 하고 상대방은 말했다. "하지만 1, 2년 지나는 사이에 서로 연락이 끊어지게 되어 버렸죠. 어쨌든 서부라는 곳은 엄청나게 큰 땅덩이라서요. 거기다 저는 바빠서 여기저기 돌아다니고 있었으니까요. 그렇지만 만약 살아만 있다면 지미는 절 만나러 분명히 이곳으로 와줄 겁니다. 녀석은 절대로 거짓말을 하지 않는, 매우 의리가 강한 남자라서요. 그 녀석이 약속을 잊을 리가 없습니다. 저는 오늘 밤 이 문 앞에 서 있으려고 천 마일이나 떨어진 곳에서 찾아왔습니다만, 옛 친구인 그 녀석이 와주기만 한다면 그만큼의 가치가

p.81 있다는 말이지요."

기다리고 있는 남자는 멋들어진 회중시계를 꺼냈다. 뚜껑에는 자잘한 다이아몬드가 잔뜩 박혀 있었다.

"10시 30분 전인가." 하고 남자는 말했다. "우리가 이 레스토랑 입구에서 헤어진 때가 정확히 10시였었죠."

"서부에선 일이 잘 풀렸는가?" 경찰이 물었다.

"물론입니다! ……지미가 저의 반만이라도 잘 풀려주었으면 좋으련만 말입니다. 그 녀석은 좋은 녀석임에는 틀림없지만 부지런히 빈틈없이 일을 처리하는 남자라서요. 저는 다른 사람들의 재산까지 등쳐먹을 것 같은 조금의 빈틈도 없는 녀석들과 부대끼면서 살아오지 않으면 안 되었습죠. 뉴욕에서는 사람들이 틀에 짜여진 생활을 하고 있을 뿐이지만요. 사람을 면도날처럼 예리하게 만드는 데에는 서부가 제일이에요."

p.82 경찰은 경찰봉을 빙빙 돌리면서 두세 걸음 걷기 시작했다.

"그럼, 난 이만 가보겠네. 자네 친구가 틀림없이 와주면 좋으련만 말이네. 약속 시간까지만 기다려 보려고 하는가?"

"아뇨, 그렇지 않습니다." 하고 상대가 말했다. "적어도 30분 정도는 기다려 보려고요. 지미가 어딘가에서 살아만 있다면 그때까지는 올 테니까 말입니다. 안녕히 가십시오, 순경나리."

"잘 가시오."라고 말한 경찰은 길을 가면서 문단속을 점검하면서 순회구역을 걸어갔다.

어느새 가늘고 차가운 이슬비가 내리면서 때때로 변덕스럽게 불곤 하던 바람이 끊임없이 세차게 불어댔다. 그 주변을 걷던 얼마 안 되는 행인들은 외투의 옷깃을 세우고 호주머니에 손을 찔러 넣고는 침울하게 입을 꽉 다문 채

p.83 발길을 재촉해 걸어갔다. 그리고 철물가게의 입구에서는 청년시절의 친구 한 명과의, 터무니없을 정도로 바보스러운 약속을 지키기 위해서 천 마일이나 먼 곳에서 찾아온 남자가 잎궐련을 피우면서 기다리고 있었다.

그 후에도 그는 20분 정도 기다리고 있었다. 그러자 그때, 긴 오버코트의 깃을 귀까지 세운 키 큰 남자 한 명이 거리 맞은편에서 빠른 걸음으로 건너왔다. 그는 기다리고 있던 남자가 있는 곳으로 곧장 다가왔다.

"밥인가?" 그는 의아하다는 듯이 말을 걸었다.

"지미 웰즈인가?" 입구에 있던 남자가 소리쳤다.

"이런, 놀랐잖아!" 방금 온 남자가 상대의 두 손을 잡더니 외쳤다. "역시 밥이로군. 자네가 살아 있기만 하면 분명히 여기로 오리라고 확신하고 있었네. 다행이군, 다행이야.

p.85 —20년이라고 하면 기나긴 세월이니까. 예전의 레스토랑은 없어져 버렸다네, 밥. 이곳이 아직 남아 있었더라면 좋았을 텐데 말이야. 그랬다면 또 다시 함께 식사를 할 수 있었을 텐데. 그런데 서부는 어땠었나?"

"굉장했지, 갖고 싶은 것은 뭐든지 손에 들어오니까 말이네. 그렇다고는 해도 자네는 꽤나 많이 변했군, 지미. 자네가 나보다 2, 3인치나 키가 커지다니, 생각조차 못한 일이네만."

"나는 스무 살이 넘어서부터 키가 조금 자랐지."

"뉴욕에서는 일이 잘 풀렸는가, 지미?"

"그럭저럭 지내고 있다네. 시청의 어느 과에서 근무하고 있지. 자, 가자고, 밥. 내가 아는 곳에 가서 느긋하게 옛일이라도 이야기하지 않을 텐가."

p.86 두 남자는 팔짱을 끼고 거리로 나왔다. 서부에서 온 남자는 성공으로 자부심이 부풀어 올라 지금까지 자기가 살아온 대강의 이야기를 하기 시작했다. 상대방 남자

는 외투에 푹 파묻힌 채 흥미진진하다는 듯이 듣고 있었다.

길모퉁이에, 전등이 밝게 빛나고 있는 약국 한 곳이 있었다. 밝게 빛나는 그 빛 속으로 들어가서 서로 상대방을 보려고 두 사람은 동시에 상대방의 얼굴을 보았다.

서부에서 온 남자는 갑작스럽게 걸음을 멈추고 끼고 있었던 팔을 풀었다.

"자네는 지미 웰즈가 아니야." 그는 내뱉듯이 말했다. "20년은 긴 세월이긴 하지만 사람의 코를 메부리코에서 납작코로 바꾸어 버릴 만큼 길지는 않다네."

p.88 "때로는 선한 사람을 악한으로 바꾸는 경우도 있지만 말이지." 키 큰 남자는 말했다. "자네는 이미 10분 전부터 체포되어 있었다네, 실키 밥(역주－실키는 밥의 별명으로 실크처럼 대인 관계가 좋다는 의미). 시카고 경찰에서는 자네가 이쪽 방향으로 돌아다닐지도 모른다는 생각에서 자네한테 볼일이 있다면서 전보를 보내왔지. 얌전히 따라와 줄 테지? 그래, 그렇다면 좋아. 그런데 경찰서에 가기 전에 자네한테 건네주라고 부탁받은 편지가 있다네. 이 창 있는 데에서 읽어보는 게 좋아. 순찰계 웰스 경찰관한테서야."

서부에서 온 남자는 건네받은 작은 종이쪽지를 펼쳤다. 처음 읽기 시작했을 때 그의 손은 침착했지만 다 읽었을 때에는 조금 떨리고 있었다. 그 편지는 매우 짧았다.

p.89 밥! 나는 시간에 맞춰 약속 장소에 있었다네. 자네가 잎궐련에 불을 피우려고 성냥을 그었을 때, 나는 그 얼굴이 시카고에서 용의자 리스트에 올라 있는 남자의 얼굴임을 알아차렸다네. 어차피 나는 내 손으로 자네를 체포할 수는 없었지. 그래서 일단 경찰서에 돌아가서 그 일을 사복형사한테 부탁한 것이야.

지미로부터

(After Twenty Years)

~ 千ドル 천 달러 ~

p.90 "……천 달러입니다." 트루먼 변호사는 엄숙하고 장중하게 되풀이했다. "이게 그 돈입니다."

길리언 청년은 빳빳한 50달러짜리 지폐로 된 얇은 돈뭉치를 만지작거리면서 진심으로 기뻐하는 것 같은 웃음소리를 냈다.

"이건, 정말이지 처리하기가 애매한 액수로군요." 그는

p.91 온화하게 변호사를 향해 설명했다. "이게 만 달러라면 기세등등하게 뽐내면서 펑펑 써대면서 내 주가를 엄청나게 높일 수 있을지도 모르겠지만요. 50달러도 이렇게 성가시지는 않을 텐데요."

"당신은 숙부님의 유언이 낭독되는 걸 들으셨겠습니다만." 트루먼 변호사는 직업적인 건조한 어조로 말을 이었다. "상세한 일에 대해서 세심한 주의를 기울이셨는지 모르겠습니다. 여기에서 단 한 가지, 주의를 기울여 주셨으면 하는 점이 있습니다. 당신은 이 천 달러를 다 쓰면, 즉시 그 용도에 대해서 저희에게 보고하지 않으면 안 되게 되어 있습니다. 유언은 그걸 조건으로 들고 있습니다. 저는 당신이 그것까지는 돌아가신 길리언 씨의 희망을 받아들여 주시리라 믿고 있습니다."

p.92 "그 점은 믿어주셔도 괜찮습니다." 청년은 정중하게 말했다. "설령 그것 때문에 여분의 비용이 든다 할지라도 말입니다. 차라리 비서를 두는 게 좋을지도 모르겠네요. 제가 계산은 전혀 안 되거든요."

길리언은 클럽으로 갔다. 클럽에서 그는 브라이슨 노인이라고 부르는 인물을 찾기 시작했다.

브라이슨 씨는, 나이는 마흔 살이지만 이미 제일선에서 물러난 온화한 인물이다. 한쪽 구석에서 책을 읽고 있다가 길리언 청년이 다가오는 걸 보자, 한숨을 쉬더니 책을 아래로 내려놓고 안경을 벗었다.

"브라이슨 노인, 눈 좀 떠주세요." 길리언 청년이 말을 걸었다. "재미있는 이야기가 있어요."

p.93 "그렇다면 당구장에 있는 누군가에게 이야기를 들려주면 어떻겠나?" 하고 브라이슨 씨가 말했다. "내가 얼마나 자네 이야기를 싫어하는지는 자네도 알고 있겠지?"

"이번 건 평소 때보다 훨씬 멋진 이야기예요." 길리언 청년은 잎궐련을 종이에 말면

서 말했다. "이걸 당신께 얘기해드릴 수 있어서 저는 기뻐요. 당구공이 데굴데굴 굴러다니는 소리와 함께 얘기하기에는 조금 지나치게 진지하고 조금 지나치게 기묘해요. 저는 지금 돌아가신 숙부의 합법적인 해적 패거리들의 사무실에 갔다 오는 길이랍니다. 숙부는 제게 딱 천 달러를 남겨 주었는데요, 천 달러로 대체 뭘 할 수 있을까요?"

p.94 "나는 또 말이네." 브라이슨 노인은 식초병 속에 들어 있는 꿀벌 정도밖에 흥미를 나타내지 않으면서 말했다. "죽은 셉티머스 길리언은 50만 달러 정도의 가치가 있는 사람인가 하고 생각했다네."

"맞아요." 길리언 청년은 쾌활하게 맞장구를 쳤다. "그리고 거기에 웃기는 이야기가 끼어들어오죠. 숙부는 금화 보따리를 고스란히 세균들한테 남기고 간 겁니다. 그 말인즉슨, 일부는 새롭게 박테리아를 발명하는 사람한테 가고, 나머지는 그놈을 퇴치하는 병원 건설자금으로 할당된다네요. 이외에도 한두 개 아주 사소한 유언이 있습니다. 집사와 가정부는 각각 인장반지와 10달러를 받았고 조카는 천 달러 받았다는 말이지요."

"자네는 언제라도 마음대로 쓸 수 있는 돈을 많이 갖고 있잖은가?" 하고 브라이슨 씨는 말했다.

"많이 갖고 있었죠." 하고 길리언 청년은 말했다.

p.95 "숙부는 용돈에 관해서는 옛날이야기 속의 요정이나 마찬가지였다니까요."

"그 외의 상속자는?" 하고 브라이슨 씨가 물었다.

"아무도 없어요." 길리언 청년은 담배를 향해서 눈썹을 찌푸리고는 불안하게 가죽을 덧씌운 긴 의자를 걷어찼다. "아니, 숙부가 뒷바라지를 맡고 있던 미스 헤이든이 있었요. 숙부의 집에서 살고 있었죠. 음악을 좋아하는 얌전한 아가씨입니다. 불행히도 숙부의 친구였던 누군가의 따님이에요. 말하는 걸 잊어버렸는데, 이 아가씨 역시 인장반지와 10달러를 받은 코미디 그룹 중 한 명입니다. 차라리 저도 그 그룹에 들어갔더라면 좋았을 거라고 생각해요. 그랬으면 술 두어 병이나 마시고 그 반지를 팁 대신 급사한테 쥐어주고는 그걸로 말끔하게 끝내버릴 수 있었을 텐데요. 선배인 척 하면서 너무 창피를 주지나 말아주세요, 브라이슨 영감 — 대체 천 달러로 뭘 할 수 있을지, 그걸 가르쳐 달라고요."

p.96 브라이슨 씨는 안경을 닦으면서 빙긋 웃었다. 브라이슨 씨가 안경을 닦았을 때, 이건 새롭게 공격을 해올 작정인 모양이라고 길리언 청년은 생각했다.

"천 달러라고 하면," 하고 브라이슨 씨가 말했다. "상당한 금액이기도 하고 받기에는 충분치 않은 금액이기도 하지. 그걸로 즐거운 나의 집을 사서 록펠러를 비웃어줄 수도 있고 추위를 피해 부인을 따뜻한 남부로 데려가서 병 요양을 시킬 수도 있을 테지. 천 달러가 있으면 6, 7, 8월 3개월 동안 백 명의 갓난아이에게 우유를 사주고 그중 50명의 생명을 구할 수도 있을 테지. 또 그걸 밑천 삼아 철통같이

p.97 경비가 삼엄한 어딘가의 비밀 화랑에서 카드 도박이라도 해서 30분간 기분 전환도 할 수 있을 게야. 또 큰 꿈을 품은 소년의 교육비로 충당할 수도 있겠지. 어제, 어느 경매에서 진짜 코로의 그림이 그 금액으로 거래되었다고 하네. 아니면 뉴햄프셔로 옮겨가서 그 돈으로 2년 동안은 보기 흉하지 않은 생활을 할 수 있을 거야. 매디슨 스퀘어 가든을 하룻밤 통째로 빌려서 청중을 향해서—운 좋게 청중이 있다는 얘기라면 말이네만— 추정상속인이라는 지위의 불확실성에 대해서 한바탕 강연을 할 수도 있겠지."

"설교만 늘어놓지 않는다면," 하고 어떤 경우에도 초조해하지 않는 길리언 청년은 말했다. "모두들 당신을 좋아할 텐데 말예요. 천 달러로 어떤 일을 할 수 있을지, 저는 그걸 가르쳐 달라고 부탁하고 있는 겁니다."

p.98 "자네가 말인가?" 브라이슨 씨는 상냥하게 웃으며 말했다. "이보게, 바비 길리언, 이론적으로 말해서 자네가 할 수 있는 일은 단 하나밖에 없다네. 그 돈으로 미스 로타 로리에한테 다이아몬드 펜던트라도 사주고 그리고 자네 자신은 아이다호로 가서 목장의 신세를 지는 것이야. 양 목장이 좋지 않을까? 나는 특히 양을 싫어하니까 말일세."

"고마워요." 그렇게 말하면서 길리언 청년은 일어섰다. "당신이라면 의지가 되리라고 여겼었지요, 브라이슨 영감님. 정말로 좋은 생각입니다. 저는 이 돈을 부랑자한테라도 은혜를 베풀어 줄 셈이었어요. 무엇보다도 돈 계산서를 내야만 하고 거기다 저는 일일이 명세서를 작성하는 짓 따위는 진짜 서툴거든요."

p.99 길리언 청년은 전화로 마차를 불러서 마부에게 말했다.

"컬럼바인 극장의 분장실 입구까지 가주게."

미스 로타 로리에가 분첩 퍼프로 화장을 하고 관중들이 꽉 찬 마티네의 출연 준비를 거의 다 마쳤을 때, 그녀의 의상담당이 길리언 씨가 왔다고 전했다.

"들어오시게 해." 미스 로리에가 말했다.

"어머, 어쩐 일이세요, 바비? 저, 이제 20분 지나면 출연이에요."

"당신 오른쪽 귀는 어딘지 모르게 토끼 발을 닮은 것 같아." 길리언은 비평하듯 말했다. "하지만 그게 오히려 멋지단 말이야. 그런데 2분도 걸리지 않는 용건인데 말이오, 조그만 펜던트 중에서 뭔가 당신 마음에 드는 물건은 없을까? 세 자리 숫자에다 그 앞에 숫자 1을 붙인 물건 정도라면 사줄 수 있을 텐데 말이지."

p.100 "당신이 골라주시는 것이라면 뭐든지 좋아요."라고 미스 로리에가 노래 부르듯이 말했다. "있잖아요, 바비, 당신은 요전 밤에 델라 스테이시가 하고 있던 팬던트 보셨나요? 그거, 티파니에서 2천2백 달러나 했대요. 하지만 물론——이봐, 애덤즈, 이 새시를 조금 왼쪽으로 잡아당겨 줘."

"로리에 씨, 합창이 시작됩니다." 바깥에서 호출담당 소년이 소리쳤다.

길리언 청년은 기다리게 했던 마차로 홀연히 나왔다.

"만약 천 달러가 있으면 자네는 뭘 하겠나?" 하고 그는 마부한테 물었다.

"저라면 술집을 차릴 겁니다." 마부는 단박에 쉰 목소리로 말했다. "두 손으로 돈을 한 웅큼 그러모을 수 있는 곳을 알고 있습죠. 길모퉁이에 있는 4층 건물인데 말입죠.

p.101 이건 제 생각인데, 2층은 중국요리랑 잡채, 3층은 매니큐어랑 외국공관, 그리고 4층을 공개 도박장으로 만드는 겁니다. 만약 나리가 진심으로 하실 마음이 있으시다면——."

"어림도 없는 소리." 하고 길리언 청년은 말했다. "나는 그냥 호기심이 생겨서 물어봤을 뿐이네. 자네 마차를 시간제로 빌리기로 하지. 내가 멈추라고 할 때까지 달려주게나."

길리언 청년은 지팡이로 이륜마차의 말을 쿡쿡 찌르면서 브로드웨이를 여덟 블록 정도 달리게 해서 그 거리를 빠져나왔다. 골목에는 맹인 한 사람이 접이식 의자에 앉아서 연필을 팔고 있었다. 길리언은 마차에서 내려서 맹인 앞에 섰다.

p.102 "실례하네만." 하고 그가 말했다. "만약 자네가 천 달러를 손에 넣는다면 뭘 할 것인지 어디 한 번 들려주지 않겠는가?"

"나리는 지금 저기 세워진 마차에서 내려오셨지요? 맞습니까?" 하고 맹인은 말했다.

"그렇다네."

"한낮 동안 마차를 타고 돌아다니시는 것도 좋으실 테지만 말입니다, 괜찮으시다면 잠시 이걸 봐주세요." 하고 연필 파는 맹인이 말했다.

맹인은 주머니에서 작은 수첩을 꺼내어 길리언에게 내밀었다. 길리언이 펼쳐보니 은행 예금통장이었다. 그것은 예금 잔액 1785달러가 맹인의 예금임을 나타내 주고 있었다.

길리언 청년은 통장을 돌려주고 마차에 올라탔다.

"잊고 있던 게 있었군." 하고 그는 중얼거렸다. "트루먼&샤프 법률사무소로 가주게 ― 브로드웨이라네."

p.103 트루먼 변호사는 적의를 담아 그를 바라보면서 금테 안경 너머로 기색을 살폈다.

"실례지만…" 하고 길리언 청년은 유쾌한 모습으로 말했다. "한 가지 묻고 싶은 게 있습니다. 괜찮으십니까? 아니요, 그렇게 뻔뻔스러운 질문은 아니라고 생각됩니다. 미스 헤이든은 반지와 10달러 외에 숙부님의 유언으로 뭔가를 받았습니까?"

"아니오, 전혀요." 하고 트루먼 씨가 대답했다.

"그렇습니까? 네, 정말 감사했습니다." 그렇게 말하고 길리언은 마차가 세워진 곳으로 돌아왔다. 그리고 죽은 숙부 집 주소를 마부에게 알려주었다.

미스 헤이든은 서재에서 편지를 쓰고 있었다. 그녀는 작은 몸집에 날씬한 여성으로 검은 옷을 입고 있었다. 허나 독자 여러분은 그녀의 눈에 끌리셨으리라.

p.105 길리언 청년은 마치 이 인생 따위 별 볼일 없다는 듯한 태도로 불쑥 들어갔다.

"사실은 지금 막 트루먼 씨의 사무실에 다녀왔는데요." 하고 그는 설명했다. "사무실에서는 부지런히 서류를 검토하고 있더군요. 그러다가 발견한 것인데"― 길리언 청년은 기억 속에 있는 법률용어를 떠올렸다 ― "유언장 안에서 정정 부분, 내지는 추가 부분을 발견했답니다. 다시 말해서 숙부님은 생각을 다시 하신 끝에 어느 정도 관대해지셔서 당신한테 천 달러를 증여한 모양입니다. 마침 내가 댁으로 오려던 참이라 트루먼 씨가 그 돈을 당신한테 전해줬으면 좋겠다고 부탁하셔서요. 이게 그 돈입니다. 틀리면 안 되니까 세어봐 주시지 않겠습니까?"

미스 헤이든은 창백해졌다. "어머!"라고 말하고 나서 다시 "어머!"라고 했다.

p.106 길리언 청년은 반쯤 등을 돌리고는 창밖을 바라보았다.

"물론…" 하고 그는 낮은 목소리로 말했다. "내가 당신을 사랑하고 있다는 것은 아시고 계시리라 생각합니다."

"죄송합니다만." 미스 헤이든은 돈을 받아들고는 말했다.

"그럼, 안 된다는 뜻이네요?" 길리언은 상쾌한 어조로 말했다.

"용서하세요." 하고 그녀는 재차 말했다.

"편지를 좀 쓰고 싶은데 괜찮겠습니까?" 길리언 청년은 미소를 지으며 말했다. 그리고 커다란 책상 앞에 앉았다. 그녀는 그를 위해서 종이와 펜을 갖고 와준 다음, 다시 자신의 책상으로 돌아갔다.

길리언 청년은 천 달러의 용도에 관한 보고서를 다음과 같이 적었다.

p.107 '검은 양 로버트 길리언은 하늘의 구원을 받아 영원한 행복을 위하여 이 세상에서 가장 선량하고 가장 친애하는 부인에게 천 달러를 지불했다.'

길리언은 이 보고서를 봉투에 넣어 미스 헤이든에게 가볍게 목례를 하고 그 집을 나왔다.

그의 마차는 다시 한 번 트루먼&샤프 법률사무소 앞에서 멈추었다.

"천 달러의 사용을 결말지었습니다." 하고 그는 들뜬 어투로 금테 안경을 쓴 트루먼 씨를 향해 말했다. "그리고 약속대로 그 보고서를 갖고 왔습니다. 바깥은 벌써 완전히 여름다워졌더군요. ── 그렇게 생각하지 않으십니까, 트루먼 씨?"

p.108 그는 흰 봉투를 변호사의 책상 위로 던졌다. "여기에 천 달러의 소비에 대한 운용법 각서가 들어 있습니다."

봉투에는 손도 대지 않은 채, 트루먼 씨는 문 쪽으로 가서 그의 동업자인 샤프 씨를 불렀다. 두 사람은 함께 거대한 금고의 동굴을 탐색했다. 그리고 탐색의 노획물인, 납으로 봉인된 대형 봉투를 잡아당겼다. 그걸 찢어 열어서 내용물을 꺼내면서 무겁게 머리를 흔들었다. 트루먼 씨가 대변자가 되어 입을 열었다.

p.109 "길리언 씨." 하고 그는 형식적인 어조로 말했다. "사실 당신 숙부님의 유언장에는 추신이 있었습니다. 그걸 은밀하게 저희에게 맡기시고 유언장에 있던 천 달러의 증여금에 관한 당신의 처리법에 대해서 상세한 보고서를 당신한테서 받기 전까지는 절대로 이걸 열어서는 안 된다는 지시를 내리셨습니다. 당신은 그 조건을 완수하셨으니까 지금 여기서 저와 제 동업자는 그 추신을 읽어드리기로 하겠습니다. 법률상의 용어가 당신이 이해하는 데에 지장을 주는 것은 저희가 바라는 바가 아니기 때문에 그 내용의 요점을 간단히 설명해 드리겠습니다.

천 달러에 대한 당신의 처분법에 따라 당신에게 보상을 받을 만한 충분한 자격이 있음이 명백해졌을 경우에는 막대한 은혜가 당신의 손에 들어오게 되어 있습니다.

p.110 저와 샤프 씨가 그 판정인으로 지명되었기 때문에 저희는 정의에 따라서 엄격하게, 또한 관용을 갖고 저희의 의무를 수행함을 당신에게 보증해 드리겠습니다. 길리언 씨, 저희는 결코 당신에게 전면적인 호의를 갖고 있지는 않습니다. 그건 그렇다 치고 추신 건에 대한 이야기로 돌아갑시다. 문제의 천 달러에 대한 당신의 처분이 신중하고 현명하며 동시에 이기적이지 않을 경우, 저희는 당신에게 5만 달러 상당의 채권을 건네 드릴 권한을 부여받았습니다. 그리고 그 채권은 다음과 같은 목적을 위해서 저희가 보관하고 있습니다. 그러나 만약—의뢰인인 고 길리언 씨가 확실하게 조건을 제시하셨듯이—당신이 이 돈을 예전과 같이 사용하셨을 경우—고 길리언 씨의 말씀을

p.111 인용하자면— 불명예스러운 친구를 상대로 고약하기 짝이 없는 소비를 하셨을 경우—이 5만 달러는 즉시 고 길리언 씨의 피후견인인 미스 미리암 헤이든에게 지불하기로 되어 있습니다. 그러면 길리언 씨, 샤프와 제가 천 달러에 대한 당신의 보고서를 검토하기로 하겠습니다. 물론 문서 형식으로 되어 있을 테지요? 저희들의 판정은 전면적으로 신뢰하실 수 있으리라 믿습니다."

트루먼 씨는 손을 뻗어서 봉투를 집으려고 했다. 간발의 차로 그보다 약간 빠르게 길리언 청년은 봉투를 집어 들었다. 침착하게 그는 그 보고서를 봉투째 갈기갈기 잘게 찢어서 주머니 안에 쑤셔 넣었다.

"아니, 괜찮습니다." 하고 그는 싱글벙글 웃으면서 말했다.

p.112 "이런 일로 여러분들께 수고를 끼칠 필요는 조금도 없습니다. 결국은 일일이 명세서에 써낸 노름돈의 내역을 여러분들이 이해하시리라고는 생각할 수 없으니까요. 그 천 달러는 경마로 몽땅 날려 버렸어요. 그럼, 안녕히 계세요."

길리언 청년이 떠나자, 트루먼 씨와 샤프 씨는 서로 얼굴을 마주보면서 침울하게 고개를 저었다. 그도 그럴 것이 엘리베이터를 기다리면서 길리언 청년이 명랑하게 복도에서 휘파람을 부는 소리가 들려왔기 때문이다.

(One Thousand Dollars)

著作者

大久保康雄(영미 문학 전문 번역가)

警官と讃美歌　경관과 찬송가
赤い酋長の身代金　붉은 추장의 몸값
二十年後　20년 후
千ドル　천 달러

다락원 일한 대역문고 – 고급10

오·헨리 걸작선
オー・ヘンリ傑作選

일본어 역자 大久保康雄
한국어 역주 송현아
펴낸이 정규도
펴낸곳 (주)다락원

초판 1쇄 발행 2007년 3월 20일
초판 3쇄 발행 2022년 11월 22일

책임편집 이경숙, 김윤희
디자인 서해숙
일러스트 윈일러스트

경기도 파주시 문발로 211
Tel: (02)736-2031 Fax: (02)732-2037
(내용문의: 내선 460~465 / 구입문의: 내선 250~252)
출판등록 1977년 9월 16일 제406-2008-000007호

가격 12,000원(교재+오디오CD 2장)
ISBN 978-89-5995-321-9 18730　978-89-5995-296-0(set)